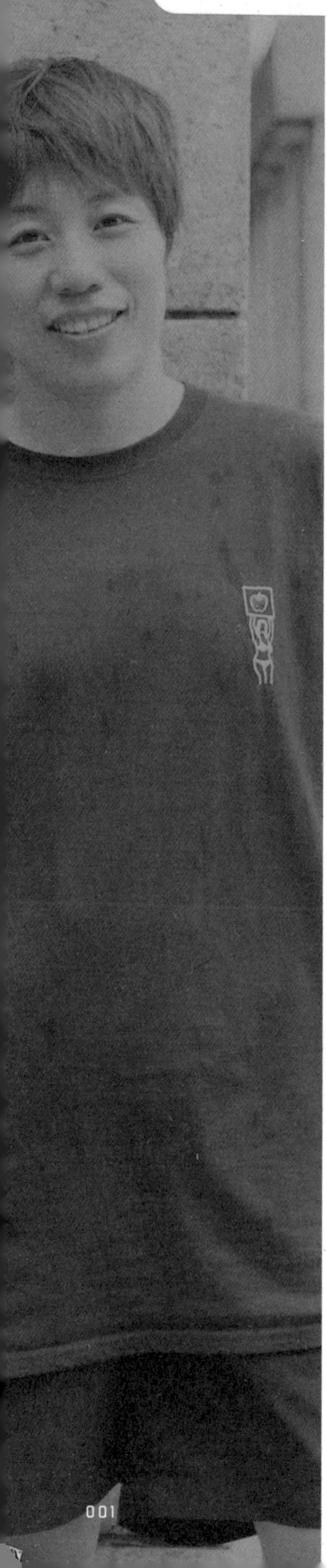

JN121470

INOGE №141

Cover PHOTO:
offered by Essei Hara

PETIT KASHIMA

俺の人生にも、一度くらい幸せなコラムがあってもいい。

VOL.140

「マルチバーススキラー」

プチ鹿島

プチ鹿島（ぷち・かしま）1970年5月23日生まれ。芸人。『ヤラセと情熱 水曜スペシャル「川口浩探検隊」の真実』（双葉社）、発売後から大好評です。

宮崎駿監督による10年ぶりの長編映画『君たちはどう生きるか』。一体どんな映画なのか？　何もわからないまま公開3日目に映画館に駆けつけた。宣伝をしないという宣伝にまんまと乗せられたのだ。始まるまで何もわからないというワクワクした感じはどこか懐かしかった。コスパやタイパ（タイムパフォーマンス）を気にする現代への謎かけだろうか？

肝心の映画は途中からどんどん壮大になってきて、私にはある心構えができた。「このまま宮崎駿を浴びればよいのだ」と。同時に〝巨匠の壮大なネタ〟を皆で圧倒＆呆気にとられたように見つめているあの空間が面白くて仕方なかった。ああ、そういえばアントニオ猪木の晩年の試合でもこういう気持ちになった。そう、我々にはハヤオの前にイノキがいたのである。

映画で猪木のことを思い出したのはそれだけではない。最近では『スパイダーマン：アクロス・ザ・スパイダーバース』もそうだ。この映画について、プロレス仲間でもある作家・時代劇研究家の春日太一さんが日経新聞で次のように書いていた。

《マルチバースがめまぐるしく交錯する設定の映画には苦手意識がある。だが、本作は違った。それぞれに工夫の凝らされた映像世界の移り変わりには、多彩な表現の絵画が展示された美術館を巡る楽しさがあり、次の世界はどのような表現が待っているのだろう——と、気分が躍ったのだ。》（6月16日）

春日さんがそう言うなら観に行こうと決めた。プロレス仲間は大事だ。パンフには「マルチバースとは僕らが今生きている世界・現実とは別に可能性の数だけ別の世界・現実があるという発想」と解説されていた。要は様々な世界（バース）に、その世界ごとのスパイダーマンないしスパイダーマンに該当するヒーローがいるという設定なのだ。たとえばある世界ではスパイダーウーマンが活躍している。インドにはインドのヒーローがいる。それぞれの世界観がある。

さて話はここからだ。あれ、この感覚どこかで既視感があったぞと映画を観ながら考え始めた。あ、わかった！　プロレスの世界だ。プロレスの世界とは多元宇宙・マルチバースだと思うのです。その土地にはその土地のヒーローがいる。まだ戦争の記憶が生々しかった昭和の時代には日本人レスラーはアメリカでは悪役だった。パールハーバーのズルい日本人というイメージを利用してあらゆる反則行為をして観客の怒りを買ったという。

「所変われば品変わる（土地が違えば、風俗・習慣なども違う）」という言葉もありますが、プロレス産業ってまさにそんな「もう一つの世界線」だらけだ。たとえば私の子どもの頃にはエル・カネックというメキシコのレスラーをよく見た。藤波やタイガーマスクらと闘い実力を示していた。しかしヘビー級のリーグ戦では下位争いをしていた。ところが地元のメキシコではカネックはやはりスーパーヒーローなのだ。海外報道を見るとアンドレ・ザ・ジャイアントをぶん投げたり、スタン・ハンセンとも好勝負をして自国の英雄として人気になっていた。カネックはヘビー級でも世界の強豪と互角の勝負をしていたのだ。

私はその報道を読みながら不思議な気持ちになりつつ、プロレスという地場産業のシステムを理解していった。それはエンタメだとかショーだとかいう言葉を超え、まさに多元宇宙という言葉がぴったりなんだと今回気づいた。同じ人物でも世界によって異なる価値を持つプロレス。まさに早すぎたマルチバースだった。

さて、ここから私は大変なことに気づいてしまったのです。アントニオ猪木のことです。

猪木は海外に行っても猪木だった。パキスタン遠征では地元の英雄ペールワンから「仕掛けられた」。当時モハメド・アリと闘った猪木には世界中から対戦オファーが届いた。猪木もアリ戦で背負った借金を返すために海外へ出かけて行った。そしてペールワン戦の前、猪木陣営は試合前に「気づいた」のだ。そのままリングに上がった猪木。相手に花を持たせて負けるわけにもいかず、相手の目に指を入れたり肩を脱臼させたりえげつないことをして猪木は勝利した。地元の英雄の権威は失墜してしまった。

いわば猪木は「マルチバース・キラー」だったのだ。

マルチバース映画によくあるのは主人公はマルチバースの秩序を守るのか、それとも秩序を壊してまでも大事なもの（家族の命とか）を守るのか？　という究極の選択を求められる。そこで猪木は平然と自分を選ぶわけです。一つの世界を破壊しても。猪木えげつない。

マルチバース映画は「もう一つの世界線、もしあのときこちらを選択していたらどうなっていたか？」がテーマであるが、最終的に「今の自分も捨てたもんじゃない、がんばろう」という気分に導いてくれる。しかしそれはあくまで一般人のための設定だ。猪木はどこへ行っても猪木だったのである。

なお、この話は『プロレス社会学のススメ』で斎藤文彦さんがしてくれたバーン・ガニアやブロディの話にも通じると思います。プロレスの奥行きは深い！

原悦生

[フォトグラフォ]

旅から旅への連続。
世界中を旅することで
自分が変われるんじゃないかと思っていた。
そして〝闘魂〟は連鎖した――。
〝猪木を50年撮り続けた男〟
2万字インタビュー。

**「猪木さんには
いろんなところに
連れて行ってもらったけど、
キューバでカストロと
会ったことは最大のプラス。
自信になった。
俺の人生を決めたのは
アントニオ猪木であり、
生き方を変えてくれたのは
フィデル・カストロです」**

収録日：2023 年 8 月 12 日
撮影：工藤悠平
聞き手：井上崇宏

「みんな正座してプロレスを観てるから『何がそんなにおもしろいのか』って。でもどこかでちゃんと観るときがあるんです」

——昨年10月、猪木さんが亡くなられた数日後に原さんからお電話をいただいたんですよね。

原　キミと電話で話した記憶はあるけど、あれって俺から連絡したんだ?

——そうです。「今度、献杯しよう」って言っていただいたんですけど、あっという間に1年近く経っちゃって、ようやくお会いすることができました。

原　献杯しようとは言ったかもしれないけど、インタビューしてくれとは頼んでないんだよな（笑）。

——頼んでるのはこちらですから気にしないでください（笑）。原さんは昨年4月に『猪木』（写真・著 原悦生／辰巳出版）をご出版されて、あの本には猪木さんとのさまざまな思い出が書かれていて。ボクは原さんご自身のこともっと知りたいんですよ。

原　どうして?

——これまでも、ボクたちは原さんから「どう生きるか」を教えてもらってきたような気がするので、またあらためてチューニングしてもらえたらなと（笑）。

原　間違えないで。宮崎駿じゃないぞ、俺は（笑）。まあ、ここまでとにかく好きに生きてきたよね。

——さあ、どんどん聞いていきます。原さんは1955年に茨城県つくば市で生まれて、どんな子どもだったんですか?

原　まず、親がふたりとも学校の先生。小学校とか中学校のね。

——あー、ぽいですよね。

原　あんまり、ぽくはないでしょう。

——いや、親が教師の子どもって、地頭はいいけどちょっとヤバいヤツってパターンが多いじゃないですか。

原　それは俺が風来坊だからか。それと妹がひとりいて、祖父と祖母も一緒に住んでて。

——6人家族。長男だけど親は教師だから家業とかを継ぐ必要もなく、もうずっと好き勝手に生きてきた感じですか?

原　そう。やりたいことだけをやってきた。で、やりたくないことは絶対にやらない（笑）。

——子どものときのいちばん古い記憶ってなんですか?

原　あれは電車じゃなくてディーゼルなんだろうね。あの頃は自分たちのところでは「ガソリンカー」って呼んでいたんだけど、近くの筑波線（当時）という路線で2両編成の鉄道が走っていたんですよ。俺はそれを見に行くのが好きだったみたいよ。その後も特に鉄道が好きなわけでもないんだけど、あのガソリンカー、ディーゼルカーを見るのが好きだった。

――単純に子ども心にカッコいいなと。

原　だろうね。なんかポイント切り替えハンドルみたいなのがあったじゃん？　昔の手動でテコみたいな感じでガチャーンってするやつ。単線だから駅で線路を切り替えなきゃいけないんだけど、自分では憶えてないけど、親の話によるとそのポイントとかをとにかく見たがっていたみたい。

――すでにマニアックなところにフォーカスしてた（笑）。

原　それで夕方暗くなってから「ポイントが切り替わる時間だ」って、親父が俺のことをおんぶして見に連れて行ってくれるんだけど、暗いなかで急いで駅のほうに向かってるから泥棒と間違われたことがあるみたいな話を聞いたね（笑）。

――原さんが子どもの頃は、漫画とかアニメっていうのはどのあたりですか？

原　まず『鉄腕アトム』が白黒の実写ね。逆にその実写のアトムの記憶が強くて、いざアニメが始まったときは観てて違和感があった。だからアトムとか『鉄人28号』があって、俺はどっちかと言うと鉄人のほうが好きだったかも。

――小学校での男の子たちのもっぱらの話題はなんですか？

原　やっぱり最初は力道山とか。そういう時代だからテレビのチャンネル権は祖父が全部持ってるわけ。金曜の夜8時に1週おきだけど、その日は夜の大人の話題がプロレスだからほかのチャンネルはないわけ。だから子どもも好きでも嫌いでも一緒にプロレスを観る。だから学校でも「きのう力道山が……」みたいな話になる。

――それを土曜日の朝にするわけですね。

原　もう近所の人たちも、土曜の朝は前日に観たプロレスの話題。ウチね、テレビがあったんですよ。だからほかの人がウチにプロレスを観に来てた。

――まだ全家庭にテレビがあった時代じゃなかった。

原　で、金曜8時は隔週で『日本プロレス中継』と『ディズニーランド』だから、最初の頃はディズニーのほうがよかった。

――「今日はプロレスかよ」みたいな（笑）。

原　そう（笑）。でもプロレスの日は近所の人が7〜8人集まってきて、みんな正座して観てるから「何がそんなにおもしろいのか」って思っていて、でもどこかでちゃんと観るときがあるんですよ。俺の場合はそれがどこからだったかハッキリしないんだけど、やっぱり（ジェス・）オルテガとかは凄く記憶にある。力道山がピークだったときのデストロイヤーとか。

「『プロレス&ボクシング』に載っていた海で泳いでいる写真を見て、そこで凄くアントニオ猪木のことが気になった」

――普通に生活しているだけでビートルズの曲が聴こえてく

るように、プロレスが向こうから勝手に飛び込んでくるような感じだったんですね。それを本気で聴くようになるか、観るようになるかはまた別として。

原　そうそう。だから俺の場合はオルテガあたりからじゃないかな。プロレスっていうものがあるのは知っていたし、力道山もっと前から観てはいるんだけど、最初はあんまり記憶にない。血だらけのオルテガに力道山が水平チョップを打ち込む場面が凄く印象に残ってる。それからは「なんだ、プロレスって毎週ないのか」って言い出して（笑）。金曜の夜8時がディズニーの週は、プロレスは夜10時半過ぎからなんですよ。子どもの時間じゃないんです。

――絶対に寝ている時間ですね。

原　だから親に「プロレスが始まったら起こして」って頼むわけだけど、「よく寝てたから」って起こしてもらえないの（笑）。でもあるとき夜中に観た、フレッド・ブラッシーと力道山がロサンゼルスでやった試合は記憶に残ってるね。力道山の目に松ヤニが入って視界を失っちゃうんだよ。で、ブラッシーが「俺はジョン・F・ケネディと友達だ」とか言ってて、「えっ、アメリカの大統領と友達なんだ!?」って。

――子どもからしたら、すべてが強烈ですね。

原　そうしてプロレスがけっこう好きになっていったわけです。それで向かいの家の子がプロレスの雑誌を持っていたの。まあ、親が買っていたんだろうけど、その『プロレス&ボクシング』を見ながら「こういう本があるんだな」と思ってパラパラめくってたら、アントニオ猪木が海で泳いでいる写真があって。そこで凄く猪木のことが気になったのが最初かな。

――アントニオ猪木との最初の出会いは写真だった。

原　うん。で、ウチは山の麓だったから近くに店とかがなくて、日曜とかに親が土浦まで買い物に行くんですよ。そのときのお土産が5円のスポーツ新聞。当時は夕刊紙って東スポ以外にもスポーツタイムズだとかスポーツ毎夕だとかいろいろあって、それが4円とか5円で売ってた。4面とか6面しかないから、真ん中に何もなくて開いたら終わり。で、ほとんど載っているのはプロレス。

――4面っていうのは紙1枚を二つ折りにしているだけですね。

原　だから4面しかないのは4円で、6面あるのは5円。

――その『プロレス&ボクシング』で見た、海にいる猪木っていうのは海水浴ですか？

原　海水浴。

――力道山に突き落とされたシーンってわけじゃなく（笑）。

原　どこの海とかまでは記憶にないんだけど、モノクロの写真で、海で猪木っていう男がいるなと。やっぱり顔が印象的だったんでしょうね。そこで猪木っていう名前も覚えた。

——そのうち、中継にも出てくるようになって。

原　なかなか出てこないけどね。まず、力道山が東京オリンピックの前に死んじゃった。俺はプロレスにかなりハマりすぎていて、もうこれは大変だっていうときに突然力道山が昭和38年12月にいなくなっちゃうわけですよ。ウチの隣が新聞配達店だったんだけど、そこでスポーツ新聞を読むっていうよりは写真を見ていたわけ。あの頃の1面はみんなプロレスだから。

——力道山が死んだことも新聞で知ったんですか？

原　テレビよりも先に新聞で知った。力道山が刺されたっていうのは当然知ってて、でも「回復に向かってる」みたいなことだったんだけど、死んじゃった。その日の新聞をずっと眺めてた。それからは豊登がエースの時代になりましたけど、そんなに熱くはなかった。とにかく力道山だった。

——当時は力道山が死んだ＝プロレスはもう終わるみたいなムードだったんですよね？

原　うん。力道山が死んだとき、俺は小学校3年生。だから4年生のときに東京オリンピックがあって、そこで初めてカラーテレビというものを見た。ウチにはまだないけど、近所にカラーテレビがあった家があって、それは逆にこっちが観に行ったりして。

——東京オリンピックっていうのは小学生も胸を躍らせた感じですか？

原　だって開会式の日は学校を休みにしたんだからね。それで10月10日は体育の日になったわけだから。いまは10月の第2月曜日ってことになってるけど。

「力道山が死んだあとは野球をかなり観てましたよ。野球は王貞治が大好きで、やっぱり長嶋よりもホームラン王」

——アントニオ猪木がプロレス中継にレギュラーで出てくるのはまだ先ですか？

原　もっとあと。先にアメリカ遠征から呼び戻された馬場が出てくる。それでルー・テーズとやったり、インターナショナル（・ヘビー級王座）とかが始まって。で、猪木は日本に戻ってきたけど日本プロレスを飛び出して東京プロレスに行っちゃうでしょ。東京プロレスは新聞にも載らないので動向がわからない。でも、なぜかジョニー・バレンタインの毒針（エルボー）だけは学校で流行ったの。

——想像で「こんな感じだろう」と。毒針って言葉が、文字どおり子どもたちに刺さったんでしょうね。

原　で、その東京プロレスがすぐに潰れて、猪木が戻ってきてようやくＢＩ砲。

——当時のプロレスを観ていた人たちに言わせると、猪木だけはほかのレスラーとは違う雰囲気だったと言いますね。まさに燃えるような闘魂を感じさせていたというか。

原　でもね、猪木はけっこうガムシャラに闘っていて、馬場のほうは大人のプロレスをやってるみたいなことを子供心に感じていたの。それはどっちがいいとか悪いとかじゃなくて、どっちも観てましたよ。馬場もまだ身体はちゃんとしていて、脚腰も強くて説得力があった。馬場のいちばんいいときだから。

――プロレスの世界の登場人物はみんな好きっていう感じだったんですか？

原　そんなこともない。だってチャンピオンは豊登だったけど、そんな好きにはなれない。

――豊登に憧れる要素はない（笑）。

原　ただ、あの脇をカッポンカッポン鳴らすやつは風呂場で真似してやっていたけどね。学校でも身体検査とかで裸になると、男子はみんなカッポンカッポンやるの（笑）。あれはしょっちゅうやってたな。俺たちはうまく鳴らないんだけど、本人はカッコよく鳴らすよね。

――そこだけは尊敬の眼差しで（笑）。なんだかんだでプロレスがいちばん好きな少年だったんですか？

原　でもね、力道山が死んだあとはテレビで野球を観てましたよ。巨人。

――やっぱり巨人なんですね。

原　川上（哲治）さんが監督をやっていたONの頃だから。で、野球は俺は王貞治が大好き。「長嶋（茂雄）さんじゃないんですね」ってよく言われるけど、やっぱりホームラン王。だから力道山が死んだあと、小学校5年の頃はかなり野球を観てましたよ。ラジオでも6時半くらいからやっていたから聴いてた。テレビは8時ぐらいからしかやらなかったので。

――テレビは試合の途中からなんですね。

原　そう。途中から始まって、しかも時間内に試合が終わらない。

――それ、観てて楽しいんですか？（笑）。

原　いまみたいに融通が利かないから、「ごきげんよう、さようなら」。このあと11時のスポーツニュースで」みたいになっちゃうんだよ。試合を全部流すようになったのは、ずっとあとになってからだよね。

――原さんも野球をやっていたんですか？

原　ソフトボールとかを遊びでやる程度ですよ。

――のちに早稲田大学に入るぐらいなので、お勉強はできたんですよね？

原　勉強は好きじゃない。

――好きそうには見えませんね（笑）。

原　ただ、勉強も中学ぐらいまでは普通にできたから、それなりの高校に入って。でも高校でまったく勉強しなかったから、成績の順番が300人しかいない中で286番だったからね（笑）。それでも大学受験するじゃない？　うまくすれば受かるんじゃないかと思って早稲田とかも受けますよ。当然受からないわけですよ。で、滑り止めみたいなところは受かったけど、行かなかった。で、「浪人しよう」となって、高校を卒業してから高田馬場の予備校に通うの。

――そこで東京に出てくるんですね。

原　早稲田予備校。田舎から通ってくる子もいたけど、俺は練馬に四畳半ぐらいのアパートを借りて高田馬場まで通ってて。そのときは勉強したね。

――後楽園とか蔵前がすぐのところにありながら。

原　浪人中は一度もプロレスを観に行かなかったよ。唯一、会場の前まで行ったのが2回目の猪木vsストロング小林（1974年12月12日、蔵前国技館）のとき。それは雰囲気だけ見ておきたかったからポスターだけ見て帰った。「行かない」って決めてたから。

「プロレスってテレビで観るものだと思っていたから、観に行きたいと思ったこともなかった。でも猪木が近くに来るんだから行ってみようかと」

――勉強をやると決めたら、もう徹底的にやると。

原　絶対に会場には観に行かない。ただ、東スポとかあの頃はデイリースポーツにも少しプロレスが出てたから、そういうのを買って読んではいた。とにかく勉強したから、その年は受けた大学はほとんど受かったんですよ。全国模試ってあるじゃない？　1番になったことはないけど、あれで2番になったの。

――やればできすぎる！（笑）。

原　だから普通にやれば受かる。全科目ができるわけじゃないから国立は無理だけど、私立の3教科ならいけると。俺はカタカナが覚えられないんで、選択科目でカタカナの名前の多い世界史はやめて。

――カタカナが覚えられない。

原　グレート・アントニオなら覚えられたんだけど（笑）。

――だから、いまなら何か気の利いた病名がつきそうな、紙一重タイプの天才ですよね。鉄道の切り替えのポイントが好き、やりたくないことはやらない、ひとつのことをやると決めたときの集中力は凄い。ただしカタカナは弱いとか、変わっていますよね。

原　変わってるよ。

――話は前後しますが、原さんが高校1年のときに新日本プロレスが旗揚げして、旗揚げシリーズの水戸大会を観に行かれて。そのとき、勝手にリングサイドで試合を撮ったんですよね？

原　撮った。

――高1でいきなりカメラマンデビューを果たして（笑）。

原　デビュー。誰か知らないけど、「気をつけて撮ってね」って言われた。

――プロレス観戦自体も初だったんですよね。

原　プロレス会場に行ったのも初めて。俺、プロレスってテレビで観るものだと思っていたんですよ。テレビで観るもんだから、観に行きたいと思ったこともなかったんだけど、猪木が近くに来るんだから行ってみようかって。同じクラスにひとりプロレスが好きなヤツがいて、そいつを誘ったんですよ。ひとりで観に行くのは嫌だったというか、ひとりでも行くっていうほどではなかったから。そうしたら「行ってもいい」って言うから一緒に行った。

――でも誘ったほうの人間がさっさとリングサイドに行って試合を撮影し始めるんだから、「アイツはなんで俺を誘ったんだ？」ってなりますよね（笑）。そのとき、すでにカメラに覚えがあったんですね。

原　覚えがあるっていうより、親父が昔からカメラを持っていたんですよ。だから普通にパチパチ撮るぶんには使える。で、高校になって、同じクラスのヤツに「写真部ってのがあるから入ってみない？」って言われたから入って。入ったら何をやるとか、一緒にどこかに撮りに行きますとかはまったくない。ただ、「暗室があるから、撮ってきたのをそこで現像したりできるよ」って。でも現像は何もやったことがないから、撮った写真はその友達に「現像してくれ」って頼んでた。

――ボンクラですね（笑）。

原　だって難しいじゃん（笑）。そうしたらいろいろ説明してくれて、「こうやったらこれぐらいで写る」とか言われて、言われたとおりにやったら「あっ、写ってる」って。でも昔はそんなに感度のいいフィルムはないから暗いですよ。フジがネオパンＳＳＳっていうのを出していて、それの感度が３２０なの。コダックのトライXも４００しかないわけ。でも水戸の体育館なんかは地明かりで、電気もないから真っ暗。増感しても当時で１６００ぐらいで１２５の2・8程度だからブレちゃう。いまみたいに感度が1万とかじゃないですからね。

――もうリングのマットにヒジをついて撮ってたんですか？

原　そう。あとでわかったのが、東スポの田中さんっていうカメラマンさんが対角線にいたぐらいであとは誰もいない。ふたりだけ。さすがに近くじゃ悪いと思って離れて撮ったんだよね。

――新日本の旗揚げシリーズを東スポしか追っていなかった

んですね。

原　そう。東京だとたまにデイリーとかもいたみたいだけど。

――いろんなことが一気に来た日だと思うんですけど、初めてプロレスを観た、初めて猪木を観た、初めてプロレスを撮った、初めてリングを触ったとか。あらゆることが初体験ですよね。

原　「リングはこんな色をしてるんだ」って思ったよ。たぶん地方だからだと思うんですけど、黄土色。「そういう色あるんですか?」って言われるんだけど、そういう色だったの。ちょっとグリーンを帯びた黒めの黄土色で、テレビ中継のときに観る白いマットでもなんでもないわけ。それで、その日はフィルムを2本しか持って行ってないんで、メインイベントのために1本残して、セミファイナルまでに1本使おうっていう。全部で7試合ぐらいだったと思うんだけど、1本36枚撮りのフィルムをメインの前に替えた。高校生にとっちゃフィルムって高いんだから。で、現像を友達に頼むと100円取られるし(笑)。それで「ああ、こういうふうに写るんだ」っていうのはわかって。

――そのときは「将来はカメラマンになりたいな」って感じなんですか?

原　ないない。

――「俺は写真だ。プロレスを撮ってメシを食うぞ」とはな

らないんですか？

原　まったくならない。だってプロレスはテレビで観るものだと思っていたからさ。

――あくまでテレビ番組だと。

原　だから『鉄人28号』とか『鉄腕アトム』とかと同じ感覚ですよ。『ウルトラマン』とか『ウルトラQ』もあったし。

> 「最初はアリと猪木が本当にやると思わないじゃない。だけどニューヨークで会見をやるし、切符も売り出したから、売り切れる前に買いに行って」

――プロレスも実写版のテレビドラマで、スポーツ観戦という感覚ではなかったんですね。

原　ない。でも、その年の10月に新日本がまたすぐ来るんだよ。旗揚げのオープニングシリーズの第3弾ぐらいで今度は土浦スケートセンターっていう８００人しか入らない狭いところに来た。で、水戸のときは１５００円の当日券で入ったけど、そのときは前売り券を買った。そうしたら２８００円ぐらいでいちばん前の買えたの。

――リングサイド1列目。

原　でも会場に入ってみたら、イスじゃなくて地べたなんだよ。地べただとリングの位置が高くて、これじゃ写真が撮れねえみたいな。それで、やっぱりリングにくっついて撮り始めたら、ほかの客が「見えねえ」って言うわけよ。こんな下から観てるんだから当然そうだよ。だからリング近くで少しだけ撮って、また自分のところに戻ったんだけど、そこが1列目であることには変わりはないの（笑）。だから撮ろうと思えば撮れるんだけど、とにかくロープが邪魔だったね。それで試合が終わったあと、控室にも行った。

——もう、なんでもやっちゃいますね。

原　猪木が誰かにサインをしていて、それを近い距離で撮った記憶がある。だから旗揚げの年っていうのは水戸に1回、土浦に1回、新日本が来たね。

——1972年。

原　でも、それは近くに来たから行っただけの話で。あと、その水戸と土浦のあいだに、俺は後楽園ホールでも観てるの。それはなんで行ったかって言うと、7月の夏休みに御茶ノ水あたりの予備校で夏期講習っていうのをやっていたのよ。そのときは浪人生じゃないから、これはべつに行ってもいいだろうと思って（笑）。

——まだ本気は出さなくていいと（笑）。

原　まだ遊んでいるときだから。その後楽園で観たのはまだあった日本プロレスで、ミル・マスカラス＆エル・ソリタリオ組vs坂口征二＆吉村道明。馬場はガイジンとやってた。だから1回目は新日本プロレス、2回目が日本プロレス、3回目でまた新日本プロレス。

——後楽園でも撮ったんですか？

原　途中の大木金太郎までは撮れたんだけど、すぐに席に戻された（笑）。

——さすがプロレスの聖地（笑）。当然のように「誰だ、おまえ？」ってなりますよね。それは日プロの人に捕まったんですか？

原　リングアナ。「さっきからおまえ、ずっと気になってんだけど！」って（笑）。「下がって観なさい」って言われた。

——でも、けっしてイタい客ではないというか、ちゃんと迷惑をかけずにやっていた感じですよね。

原　そうそう。

——でもそんな動きをしていた学生なんて、ほかにいないですよね。

原　いなかったと思うよ（笑）。

——それはどういう衝動なんですか？　絶対に近くで撮りたいんですか？

原　でもね、絶対に近くでとも思わない。「ダメって言われなきゃいいだろう」みたいな感じ。無理やりに飛び込んでどうしてもではなく、普通に撮れるか撮れないかってだけ。撮れるなら撮る、撮れないなら撮らない。

——普通に娯楽として観戦していたほうが楽しかったりするじゃないですか。

原　うん。そのへんは自分でもよくわからない。

——自分でもなぜ撮っているのかわからない（笑）。

原　せっかく行ったんなら撮ろうかみたいな感じ。まだ16だからね。原点だからしょうがないですよ（笑）。

——そして1976年6月26日、原さんは東京に住んでいる早稲田の学生です。普通に猪木vsアリ戦のチケットを買いますよね。

原　買う。アリのボクシングはテレビで観ていたから、「あのアリと猪木が？」って最初は本当にやると思わないじゃない。だけどニューヨークで会見をやるし、切符も売り出したから、とにかく売り切れる前に買いに行こうって、池袋の東武デパートの上にあったプレイガイドに行ったの。で、いちばん安い5000円の切符を2枚買った。

——一緒に観に行く人が決まっていたんですか？

原　決まってた。同郷の3つ下の子が大学で東京に出てきてたんで。

「猪木が倒れて舌を出しているときも
俺は意外と冷静だった。そんなときでも、
どうやったらいい写真が撮れるかを考えてた」

——決戦までに猪木vsアリの特番があったりとかしたじゃないですか？　あれを観て驚くのが、街頭インタビューで「猪木とアリ、どっちが勝つと思う？」って聞いたら、小学生のちびっことかが「そんなのアリが勝つに決まってんじゃん」って言ってるんですよね。日本でもアリファンのほうが多いというか、アリのほうが強いと思っている。

原　だって、アリのタイトルマッチなんかは東京12チャンネルで宇宙中継もやっていたから、そりゃ有名ですよ。あの頃はいまみたいにメディアが発達していないけど、アリはずっと普通に話題になっていたもん。高校のときはみんなアリの大きな試合とかは結果を気にしていたもんね。

——そんな世界的なスーパースターと猪木が闘うんだと。

原　「観なきゃ」ってなりますよ。

——違う実写版がスピンオフで出会うみたいな。

原　アリの名前は本当に世界的だった。

——一方の猪木はあくまで「俺たちの猪木」であって。それで5000円のいちばん安いチケットってことは2階席ですよね？

生きる
花が咲こうと咲くまいと
生きていることが花なんだ
今日も一日
いくぞ
79才
アントニオ猪木

原　そう。だから最初は2階で撮ってて、気がついたらリングサイドにいた（笑）。

――またしても（笑）。前半のラウンドは2階席から撮った写真ですよね。

原　そう。でもそれも客席からじゃなくて、いちばん後方の高いところに何人かカメラマンがいて、俺もそのあいだで撮ったの。カメラマン席っていうのがなくて通路みたいなところだったんだけど、自分の席だと前の人が邪魔になって撮れないから、そのいちばん上まで上がって行ったんですよ。

――その日も完全に撮影をするために武道館に行ってるんですね。

原　そのときは「1ラウンド、フィルム1本」ってちゃんと計算して、前座もあるからフィルムもちょっと多めに用意して、20本ぐらい持って行った。

――素人ながらに「いい写真を撮らなきゃいけない」という使命感と、この世紀の一戦を目に焼きつけようというファンの視点。そこのウェイトはどんな比率なんですか？

原　その頃は、まだ必死で写真を撮っている感じかな。

――写真を撮ることに集中していた。

原　で、ずっと撮ってると、逆にいまは写真を撮るのなんかどうってことないから（笑）。よく言われるんですよ。「写真を撮っていたら、試合を観られないでしょう？」とか。そういうのじゃないんだよね。普通に撮れるし、観れるから。

――いまは写真を撮りながら、試合もちゃんと観ている。

原　でも、観ても興奮なんかしないよ？

――えっ、そうなんですか？

原　しないよね、興奮なんて。たとえば1回目のIWGPの猪木vsホーガンは、ゴングが鳴った瞬間がいちばん緊張感があったけど、猪木が倒れて舌を出しているときなんかは俺は意外と冷静だった。だからそんなときでも、どうやったらいい写真が撮れるかを考えてたし、あの日はちゃんと救急車に乗せられるところまで追っかけて行って撮ってるし。普段はそこまで撮らないんだけどね。

――取り乱すことはないんですね。「猪木、これ、どうなっちゃうんだ……」とはならない。

原　うん。冷静だよ、かなり。サッカーでもプロレスでも。

――ちなみに日常生活でも慌てることはないですか？

原　いや、電車に乗り遅れそうなときは慌てないとね（笑）。写真を撮るのって、結局フィルターとかレンズしか見ていないわけだから、その場で起きていることを肉眼では見られないっていうだけ。ただ、それだけ。

「猪木vsモンスターマン戦のちょっとよさげな写真を5〜6枚プリントして、当時南青山にあった新日本プロレスのビルに行ったの」

——すぐリングサイドで撮っちゃう病が発症中の学生は、それからどうなるんですか？

原　アリ戦が終わるじゃん？　その後もいくつか格闘技世界一決定戦は行くんだ。同じレスラーだけどアンドレ（・ザ・ジャイアント）戦だとか、その翌年（1977年）のモンスターマン戦とか。もちろん、ちゃんと切符を買って行くわけだけど、そのうち武道館ならここだとか、蔵前ならここにいいスポットがあるなとかがわかってくるわけ。「ここだと柱を背にして立って撮れるな」とか「ここは照明が入ってきていいな」とか。だから2000円か2500円のチケットで十分で、後楽園ホールとかでも普通に1階の席から撮ったりしていて、そうしているうちに「これ、撮らせてくれって頼んだらいいんじゃねえか？」っていう結論に至って。

——普通に団体に撮影許可をお願いしてみたらいいんじゃないかと。

原　そう、正面から。で、8月のモンスターマン戦で撮った、ちょっとよさげな写真を5〜6枚プリントして、それを9月ぐらいに持って当時南青山にあった新日本プロレスのビルに行った。で、5階か6階が営業部だったから、誰も知っている人はいないけど、ガラッとドアを開けて「こんちは」って（笑）。

——当然、アポなしで。

原　アポなし。で、たしか普通に言ったんだ。「写真を持ってきたんですけど、見てもらえますか？」って。そうしたら「ウチに誰か知っている人いるの？」って聞かれたんで「いや、誰も」って言ったら、「じゃあ、話を聞こうか」って。その人、メガネをかけて色黒の、山崎順英さんっていうんだけど、「学生なんだ。ふ〜ん、早稲田か。高校はどこなの？」って言われて「土浦一高です」って言ったら「ふ〜ん」って言ってるの。で、「今日はまだ時間あるの？　舟橋があと2時間したら来るんだけど、下の喫茶店で待っててよ」って。

——舟橋慶一アナ！

原　あとで知るんだけど、舟橋さんって土浦一高で早稲田なんですよ。それで山崎さんが「同じじゃねえか」ってことで。

——ここはマッチングさせてやろうと（笑）。

原　それで会ってどうしろっていうわけじゃなくて、「喫茶店で待ってろ」って話になったの。で、待ってたらふたりが来て「これからちょっと宣伝」って。

——「ちょっと宣伝」というのは？

原　あの頃、ラジオでも新日本プロレスの宣伝をしていたの。そのラジオで流す「何月何日に日本武道館」とか「いよいよ本日！」っていう声とか、宣伝カーで流す声の録音を「これからスタジオに行ってやるから一緒に行かない？」って言われて、すぐに喫茶店を出て、なぜか3人で収録スタジオに行くんだよ。

――なんですか、そのスピーディーな展開は（笑）。

原　で、そのスタジオに行って、声の収録は30分ぐらいで終わって、「じゃあ、飲みに行こうか」ってなって。

――アハハハハ！　いや、そのスタジオでは舟橋さんの声の収録も聴いていたんですか？

原　聴いてる。ガラス越しに。

――そこで「うわ、すげえ。本物だ」となりますよね？

原　いや、そんな思わない。

――あ、思わない（笑）。

原　「こういうところでやるんだな」って。だから新日本の事務所に行ったのが3時頃で、舟橋さんがやって来たのが5時頃で、声の収録が終わったのが6時頃で、そっから飲みタイムになって3人で出かけたの。

――初対面の新日本の人とテレ朝の人と（笑）。

原　俺も何がなんだかわかってないんだけどね（笑）。で、俺はその日はあんまり飲まなかったんだけど、ふたりがすげえ飲んだんだ。それで何軒か行ったんだけど、そうしたら電車がない時間になって、舟橋さんが俺の下宿までハイヤーで送ってくれた。

――すご！（笑）。

原　「あー、大丈夫だから」って言って送ってくれて、「また連絡してよ」みたいな。それで肝心のリングサイドで撮らせてほしいっていう話は「じゃあ、（10月25日の）チャック・ウェップナー戦から撮っていいから」って。

――あっさりとオッケー（笑）。

原　「撮りたい」って言っただけで撮ってもよくなった（笑）。ただ、「前もって腕章を取りに来いよ」とは言われたから、それでまた試合の1週間くらい前に新日本の事務所に行って腕章をもらって。格闘技世界一決定戦の腕章は1日限りのやつなのね。白い腕章で、緑で日付が入っているやつをもらって正式に撮影許可が下りた。

「カメラは趣味で、カメラマンになりたいなんてまったく思ってなかった。俺は新聞記者になりたかった」

――そのときはさすがに嬉しかったですよね？

原　それは嬉しかったよ。だって本物だもん。そりゃ腕章はテンションが上がりますよ（笑）。

――腕章をもらったときだけは無邪気に喜ぶ、そのツボがよくわからないですけど（笑）。

原　だってさ、撮影の許可がほしくて事務所に行ったわけじゃない。それで最初にもらった許可が格闘技戦だよ。そのあとの普通の試合は小さなリボンとか、何月何日って入っているシールをベタッというのが1回ごとにあっただけだし、後楽園とかはなんもいらないんだから。

――チャック・ウェップナー戦以降は、もう顔パスみたいな感じなんですね。

原　そう。会場の駐車場も勝手に使って大丈夫。遅れて行ったときなんかは「すぐに出ますから」って言って、クルマを会場の真ん前にボンと乗りつけたりして。

――もうすっかり本職みたいになって。そのときはさすがに「俺の職業はこれだろうな」ってなりますよね。

原　まったくならない。

――まだですか（笑）。

原　いや、カメラマンになりたいなんて、本当にまったく思ってないから。カメラは趣味。

――あくまで好きで撮っているだけ。

原　ただ、大学生だから「将来、何になるかな」とはなるよね。それで俺も人並みになんとか物産とかさ、商社を受けたんだよ。でもね、たぶん全然相手にされてない。だってまず成績がよくない。1年だけ勉強したから大学に入ったところまではいいんだけど、入ったらまた勉強しなくなっちゃってたから。べつに単位はギリギリあるけど、成績は普通か、普通よりも悪いんだから、採るほうにしてみたら全然ポイントにならない。

――「こんな成績で、でかいところに入ろうとすんなよ」ってことですよね。

原　そう。だから出版社とかも受けたんだよ。そっちは小論文とかだから平気じゃないかと思ったけど、見事なくらいどこも受からなかった。やっぱり成績がよかったり、筆記試験がちゃんとできないとダメなんだなと思った。それでも1個だけ最後まで残ったのがあって、日刊スポーツ。でも、なんか最後に落とされた。

――もし日刊スポーツで採用されていたら、何をやりたかったんですか？

原　新聞記者。というか、新聞社はそういうふうに職種で採ってないんですよ。営業とか事業部もあるし。

――入社して、どこに配属されるかはわからないんですよね。

原　うん。いまはそれぞれ分けて採っているかもしれないけど、当時は新聞記者志望で入っても販売をやらされたりしたかもしれないし、そういう状況を納得の上で受けるの。で、最後の砦の日刊スポーツは俺は「いけた。たぶん大丈夫だ」

とか言ってたら、やっぱりダメで「あれ？」と思って。そうすると今度はさ、単位はあるからそのままだと大学を卒業になっちゃうわけ。あのね、一度卒業しちゃうと新卒じゃないから会社が次のときに採ってくれない。

――たしかに昔はそうですよね。すんなりと卒業しちゃうと、逆に翌年から就職が不利になるっていう。

原　それで俺はあんまり勉強はしていないけど、セミナーの先生とは仲がよかったので、普通は「単位をくれ」って頼みに行くのに「すいません。ほかの単位はみんな普通にもらうんですけど、ゼミで残っている8単位はつけないでくれ。それは来年に回してほしい」って言いに行って（笑）。

――「今年は単位をくれないで」と（笑）。

原　相手にはなんのメリットもない交渉だけど（笑）。ゼミって、普通に出ていれば不可とかつけられないわけ。普通にしていさえすれば単位をくれて「卒業おめでとう」ってなるのに、俺は「単位をくれるな」と頼みに行って、先生も「そういうことか」と。それで勝手に取引して「じゃあ、卒論の分だけ来年出すから」って言ってくれて、その1年は授業も出なくていいようにしてくれた。それでまた出席もしなきゃいけないとなると、けっこうハードルが上がるから。

――交渉能力が高いですね。

原　でも、いつも正直に言ってるだけだから。「単位がある

と困る」とか「写真を撮りたい」とか（笑）。交渉というよりもほんの短い陳情です。

――じゃあ、その年は卒業せずに留年するんですね？

原　留年。大学に入るのにも1年かかってさ、出るのにも1年プラスして、まだ授業料が安い時代だからいいよ。1年延ばしても8万円だから。で、結局、留年の年は大学に1日も行かなかったんだけど、でも卒論を出すと先生と約束したのに、それも書いてなかったの。だから先生から卒論の催促の電話があって「はい！」って言って、先生の論文の丸写しみたいなのをやりましたよ（笑）。あれは申し訳なかったよね。

「写真を撮るのが職業になって
趣味がなくなっちゃった。ただ、当時のスポニチは
プロレスを扱っていないから、プロレスの撮影だけは
まだ趣味の範疇にあった」

――それで1年後にスポーツニッポンに入社するんですね？

原　そう。それもおもしろくて、舟橋さんが「挨拶しに行くぞ」って。

――えっ、舟橋さんとはもうマブダチみたいな感じなんですか？

原　マブダチじゃない。怖い先輩みたいな感じ（笑）。それで「スポニチに行くぞ」って言われたんだけど、そこで誰に会いに行ったと思う？

——普通に考えたら、舟橋さんが現場とかで会っている顔なじみの記者とかですよね。

原　普通はね。違うんだよ。いきなり編集局長と役員（笑）。

——まあ、舟橋さんですからそうなりますかね（笑）。

原　それで舟橋さんが「今年、これが受けるんでよろしく」って。受けるっていうご挨拶を2分ぐらいして帰った。

——「顔と名前だけでも覚えて帰ってください」と（笑）。

原　それであんまり憶えてないけど、「受けて進めば、最後の面接とかでもう1回会うことになる。でも、まず筆記で受からないとダメだからな」みたいなことを言われた気がする。で、スポニチは順当に面接まで行くんですよ。それと前の年にダメだった日刊スポーツもまた受けたんだけど、普通に筆記試験は通ったのよ。それでスポニチも日刊も面接まで行くじゃない。どっちからも同じ質問をされるの。スポニチでは「日刊も受けてるよね」って。日刊に行ったら「スポニチも受けてるよね」って。

——要するに「両方受かったらどっちに行くの？」と。

原　そう。で、「試験の日取りで先に受かったほうに」って答えたんだけど、順番的にスポニチのほうが1週間ほど発表が早いんですよ。だから日刊は「それじゃスポニチだな」って。結局、先にスポニチが決まったんで、日刊は辞退したんだよね。

——スポニチは舟橋さんも面通ししてくれていますしね。

原　だから面通ししたふたりはたしかに面接のときにいた。

——スポニチに入社して、どこに配属されたんですか？

原　いちばん最初は校閲で、新聞記事の赤字を直すのを6カ月やった。それが試用期間で、汚いシャツを着て、工場で活字を拾ったりした。それから俺は記者志望なんだけど、「写真も撮れる」って言ったのが失敗。で、写真部に配属（笑）。

——「撮れるなら撮れよ」と（笑）。

原　そうよ。記者になりたかったのに。

——カメラマンになりたいという気持ちは、本当にさらさらなかった（笑）。

原　なのに写真を撮るのが職業になっちゃったから、趣味がなくなっちゃった。

——無趣味な人間になっちゃった（笑）。

原　だってさ、全部さ、プロレスでしょ？　野球でしょ？　サッカーも仕事で撮り始めたら、何もなくなっちゃうの。まあ、自分で自分の趣味を奪ったのかもしれないけど、ただ、当時のスポニチはプロレスを扱っていないから、プロレスの撮影だけはまだ趣味の範疇にあった。だからプロレスのある日は仕事を休んで。

——あくまで私人として、プロレス会場に撮影しに行くわけですね（笑）。

原　そう。まず、ビッグマッチの多い木曜日は譲れないとかあるじゃん。でも金曜日もけっこう行ってて、そうしたら面接をした常務がソファーで生中継を観てて、「原、きのうも行ってたな」って（笑）。

——テレビ中継にバッチリ映りますよね。でも、そんな新入社員っていいます？　1年目からプロレス会場に行くためにバカバカ有給を取るって（笑）。

原　休めるよ。だって就業規則にもオッケーって書いてあるんだもん。

——プロレスの写真を撮ることが原さんの休日の過ごし方だったと。

原　そう。だからプロレスの写真は当時はまだ趣味と言えたよね。でもさ、スポニチを辞めることによって、ついに趣味がなくなっちゃうわけ。

「イタリアに行ってそこで初めて近くで
マラドーナと会うわけ。練習場に行くと
そのへんで会えるから会話もするようになって」

——スポニチにはどれくらい勤めていたんですか？

原　6年。

——たった6年ですか。

原　たった6年しかいない。しかも、そのあいだも新日本プロレスだとかアントニオ猪木だとかを撮りに行ってるわけじゃん。で、猪木さんとも夜会ったりしているから。

——夜は猪木さんと会ってた!?　それは飲みに行ったりしていたんですか？

原　してた。

——みんなから好かれすぎ！（笑）。原さんって、猪木さんから「原くん」って呼ばれてましたよね。

原　そうだよ。「原くん」だよ。

——そりゃ、そんな頃からお付き合いしているんですもんね（笑）。

原　ただ、初対面の人とかに紹介するときは「原さん」って言ってくれていたけど、「原くん」のほうが自然だもんね。猪木さんからしたら「気がつくといつも写真を撮ってる原くん」だよ（笑）。

——凄いなあ。スポニチはどうして辞めたんですか？

原　辞めたのは1986年の3月なんだけど、その年の5月末からメキシコでサッカーのワールドカップがあって、それに行きたいと思ってたの。これもまたちょっと根回しをするんだけど、『ゴング』を作っていたところが『イレブン』っていうサッカーの雑誌も一緒に作っていて、手塚さんっていう人が編集長をやっていたんだけど、俺にメキシコのワールドカップのパスをくれるって言うんですよ。それってけっこうもらうのが大変なんだけど、申請の締め切りが早いから

「お願いします」って言って、早々にパスをもらっちゃったの。それからスポニチに休職願いを出して。

――ワールドカップは1カ月間くらいやりますよね。

原　うん。だから有給とかじゃなくて休職願い。そこで俺もまた規則を読んでね、「最大で半年休めるな」と。その最大半年を有効に使おうと思って、ワールドカップに行ったら前後で2カ月かかる。じゃあ、そのあとに中南米の旅っていうのもいいんじゃねえかって思って、休職願いを1985年の暮れぐらいに出したの。「こうこうこうで、メキシコのワールドカップに行って、そのあと中南米を旅したい。つきましては半年間の休職をお願いします」みたいなのを出したら、すぐに突っ返された。

――休職を認めてもらえなかった。

原　「でも規則にこう書いてありますよね？」って言ってもしょうがないから。それで2月に「じゃあ、辞めます」と。だってメキシコに行くのは決定事項なんだから。

――もうパスを手に入れてますからね。じゃあ、会社が休職を認めてくれなかったことで退社することになったんですね。

原　それで一応、常務とかにご挨拶をしてね。「せっかく入れていただいたのに申し訳ない。どうしてもやりたいことがある。旅も勉強になるかもしれないんで」って。でも言われたの。「サッカーなんて行ったって、何の役にも立たない」と。「ワールドカップなんて日本も出ていないし、メインは野球だから」って。まあ、それは会社だからしょうがない。それと別の人から言われたのは「原な、ああいうのは黙って行って、半年で帰ってくれば籍はあったんだよ。会社っていうのはそういうもんだから」って。

――正直に申請を出したことがアダとなったと。

原　やっぱ組合が強いから、本当はそういうのでクビとかにできないからね。でもまあ、そういう手は使わなくてよかったかなと思うけど。

――とりあえず欲望は全部口に出して、功を奏してきた人生ですからね。

原　で、会社を辞めてメキシコのワールドカップに行って、前後合わせて3カ月行ってたのかな？　でも南米の旅には行かなかったから、まだ一応お金はあった。で、日本に帰ってきて結婚式をやんなきゃいけなかったんだ。会社を辞めた年に（笑）。

――結婚することが決まっていたのに会社を辞めたんですか？（笑）。

原　いやいや、結婚することを決めたのは会社を辞めたあと。で、11月に結婚式をやることが決まってたの。でもメキシコから帰ってきて、俺はまたすぐにメキシコに行くんだよ。名目が「ウェディングドレスを買ってきてやる」っていうので。

――メキシコにウェディングドレスを買いに行く人なんて、聞いたことないですよ（笑）。

原　ちゃんと2着買ってきたよ（笑）。

――本当の目的はなんだったんですか？

原　ルチャ・リブレを観に行ったの。

――こんなにも自由な男が、まだ自由への闘いを求めていた（笑）。

原　それでもうやめればいいのに、今度は10月にイタリアに行くの。それはメキシコのワールドカップで（ディエゴ・）マラドーナと出会ったわけよ。当時、マラドーナはイタリアのナポリっていうチームでプレーしていて、普通のリーグ戦だけど試合があるわけ。俺、「ここで見ておく必要がある」って思って、イタリアに2週間行って。そこで初めて近くでマラドーナと会うわけじゃん。練習場なんかに行くとそのへんで会えるんだよ。そのときはまだ会話とかはしていなくて、そのあとで話すようになるんだけど。

「こういう動きは会社員をやっていたら
無理でしょう。ひとりでやっていて
いちばんいいのは誰からも怒られないこと」

――えっ、マラドーナとどんな話をするようになるんですか？

原　呼ばれたの。

――「原くん」と？（笑）。

原　「原くん」って（笑）。いや、練習場で「子どもと一緒に写真を撮ってくれ」って言われたことがあって、それからね。練習場にも厳しいルールがあって「グラウンドの線の中に入って撮るな」とかマフィアみたいな怖い監督が言うわけ。でもマラドーナのほうからこっちに来たら撮るのはかまわないと。俺はラインギリギリまでは行くから、近くでマラドーナ撮り放題。

――そこで顔見知りになったと。

原　その後、マラドーナに子どもが生まれて、俺はマラドーナが自分の子どもと遊んでいるところを遠くから撮っていたの。そうしたら「原くん」って（笑）。「俺が子どもと遊んでいるところを撮ってくれ」って言うから撮った。で、「ありがとう」って言われて、戻って行くときに、俺、撮ったフィルムを2本マラドーナの前で落っことしてきちゃったんですよ。そうしたらマラドーナがまた呼んでんだよ。「フィルムを落としたぞ」と。俺、普段は冷静だけど、そのときはちょっと嬉しかった（笑）。

――なんかマラドーナと原さんって、手が合いそうですよね（笑）。

原　だって、もう毎日練習場に行ってたからね。試合は1週

至近距離で目撃した”世紀の一戦

間に1回しかなくて、試合の次の日は休みで、練習を見せてくれない日もあるけど、週3～4日は行けば自由に撮れるわけ。

——『1986年の原悦生』、最高ですね（笑）。

原　だって、そのへんの動きは会社員には無理でしょう。で、ひとりでやっていていちばんいいのは誰からも怒られないこと。

——でも月並みですけど、フリーランスのキツさってあるじゃないですか。やっぱり毎月当たり前のように給料が入ってこないわけですから安定もしないし。

原　だから最初の2年間は完全に持ち出しですよ。だってカネ使いすぎだもん。そこら中に行ってんだもん（笑）。『ゴング』とかはそれなりのギャラをくれていたけど、それよりも使っているほうが多いんだもん。

——奥さんも大変だったでしょうね。旦那が持ち出しですぐに海外に行きたがって（笑）。

原　まあ、ひどいよね。

——披露宴には当然のように猪木さんも出席してくれて、挨拶もしてくれたんですよね？

原　うん。で、古舘伊知郎さんは最初「仕事で行けない」って言ってたんだよ。でも「その日、隣りにいるわ」って言い始めて。俺は東京會舘で式を挙げたんだけど、その日は真向かいのニッポン放送にいると。だから「ちょっと合間に行くから」って言ってて、予告どおり古舘乱入っていう（笑）。いや、こんな俺の話ばっかでいいの？

——最高ですよ。ずっと聞いていたいです（笑）。

原　でもね、スポニチを辞めたあと、そうやっていろんな旅をするじゃない。「今度行けば変わるんじゃないか」「今度こそ変われるんじゃないか」って思って行ってたんだよね。

——何が変わるんですか？

原　この先の自分。どこかを旅することで自分が変われるんじゃないかと思って出かけているわけよ。でも1986年はメキシコに3カ月行って、そのあとまた同じメキシコに2週間いて、それからイタリアに行って、結婚して、またスペインかどこかに行って、旅を重ねるじゃない。で、次の年になったら今度はアメリカンプロレスだよ。ダラスのエリックランドとかいろんなところを回って、それからまたメキシコにも行くし、馳（浩）が修行してるっていうのでカナダのカルガリーとかにも行く。それであちこちを旅して、でもヨーロッパのプロレスなんかは絶対に観ることないだろうと思っていたのに、船木（誠勝）が遠征で行っているからっていうんで、船木に会いにドイツまで行ったりするわけ。

——常に「自分は変われるんじゃないか」という期待を抱きつつ。

原　でもそういうところに全部行っても、自分の中で何も変わらないの。で、猪木さんが参院選に当選して政治家になったじゃん？　それで今度は政治家の猪木さんともいろんな国を旅をするじゃない。１９９０年にはまたワールドカップがイタリアであって。それでまあ、変わってはいないんだけど、もしかしたら変わっているような気もするみたいに少し思い始めてはいた。

「あのフィデル・カストロが俺の目の前にいる。そしてジロッと俺を見て『おまえは誰だ？』って言った。スペイン語で直接会話した」

――ボクなんかが言うのはおこがましいですけど、写真自体はそれこそ学生のときに撮った猪木vsアリ戦の時点ですでにぶっちぎりでカッコいいじゃないですか。

原　だから写真がどうとかじゃなくて自分自身だよね。若手の海外遠征じゃないんだから、どっかに行ってもすぐには変わらないんだろうけど、でもなんか自分の中に出かけることへの期待感があって。

――それはやっぱり海外ってことなんですか？

原　いや、日本のどこかでも何かの出会いがあれば変われると思う。でも、いちばん大きかったのはフィデル・カストロだろうね。

――キューバのカストロ議長。

原　猪木さんがキューバに行くってことをお兄さん（猪木快守氏）から聞いて、「カストロさんと会えるかもしれないですよ」って言うわけ。そんなに簡単には会えないだろうと思ったけど、キューバに行って3日目ぐらいで会えちゃうからね（笑）。で、カストロが目の前ぐらいの距離にいるわけよ。そこで俺は挨拶もせずにいきなり撮りだして、シャッターの音がするからカストロがジロッと俺を見て「おまえは誰だ？」って言われた。

――そこでカストロに会えたことが、原さんの中で大きかったんですか？

原　大きかった。っていうのは、さっきも言った昔フレッド・ブラッシーが「俺はケネディ大統領の友達だ」って言っていたのが子供心に残っているんだよね。で、ケネディとフィデル・カストロっていうのは戦った相手同士じゃない。キューバ危機で米ソの対立があって、ケネディが頭を抱えて、もしかしたら米ソ間で核戦争が起こる可能性があったわけでしょ。そういうのを子供心に聞かされていたから、「あのカストロが目の前にいる」って。「おまえは誰だ？」って言われた。そのカストロに「おまえは誰だ？」って言われた。ケネディは死んじゃったけど、そのときスペイン語で「フォトグラフォだ」って答えたんですよ。そうしたら「俺は新聞記者が嫌いなんだ」って言うから「いや、

前は新聞記者だったけど、いまは写真家だ」と返したら、「じゃあ、好きに撮れ」ってぶっきらぼうに言われた。スペイン語で直接会話した。

――原さん、会社を辞めてよかったことしか起きていないですね。

原　あれは猪木さんにいろんなところに連れて行ってもらったなかでも最大のプラスだった。カストロと会ったことは自信になった。

――カストロと話をした、カストロを至近距離で撮った。

原　もう好きに撮れたから。だから「誰かひとり」って言われたら猪木さんなんだろうけど、もし１９９０年の3月を境に自分の人生、生き方が変わったんだとすれば、変えたのはカストロ。

――カストロとの遭遇以降、具体的に何がどう変わったんですか？

原　あのね、写真っていうのは1秒しか時間がなければ1秒の撮り方があって、2時間あるなら2時間の撮り方があるんですよ。それで「好きに撮れ」って言われたときは好きに撮れって言われただけの時間がある。というふうに思うようになった。すると「怖い」っていうのがなくなった。

――「いつ何時、誰のことも撮れる」っていうことですね。

原　それ以降、怖いっていうのがない。命的に怖かったのは、マシンガンをふたつ突きつけられたとき。

――それはどこでですか？

原　イラク。

――邦人人質解放のときですか？

原　解放のときじゃなくて、猪木さんが2回目で、俺は初めてイラクに行ったときなんだけど、一緒に行ったときに猪木さんに「イベント会場を見つけてきてくれ」って言われたの。

――なんのイベント会場ですか？

原　だから平和の祭典の会場。

――えっ!?　なんで原さんが！（笑）。

原　もともと猪木さんはああいう体育館みたいなところをイメージしてなかったの。っていうか、まだ平和の祭典自体も開催が決定していなくて、その話にするためにそのとき俺もイラクについて行ったの。で、猪木さんは「俺はホテルにいるから、原くんはこのクルマを使っていいから」って。「このクルマ」っていうのはイラク政府のクルマね。「これでバビロンの遺跡でも見てさ、その帰りにどっか会場を見つけてきてよ。俺はもう行ったから行かないから」って。猪木さんって世界遺跡とかでも1回行ったところにはもう行かないんだよ。

「人生は限られているから、やりたいことはやらないともったいない。そして、やりたくないことは絶対にやっちゃダメ」

——「もう一度見たい」がないんですね。それで猪木さんから「原くん、ついでにロケハンもしてきてくれ」と（笑）。

原　だから政府のクルマでバビロンの遺跡を見に行って、そこで「ダーッ！」とかやって観光写真を撮っていい気になったりして。それでまたクルマを走らせていて、ハッと見たら、円形競技場みたいなところを見つけたの。それでクルマを停めて、そこのところでガチャガチャって3枚ぐらい写真を撮ったら、誰かがこっちを見ていたんだよね。丘の上からジープがビューっと走ってきて、ふたりからマシンガンを突きつけられた。で、「フィルムをよこせ」って。

——怖い。それはなんでだったんですか？

原　撮影禁止場所。よく見たら看板にドクロマークがついてた。

——「撮ったら殺すぞ」と（笑）。

原　俺は単なる円形競技場だと思っていたんだけど、それは軍事施設だったの。そういう映画を観たことがあって、最後に銃を突きつけられて撃たれちゃうシーンを憶えてたから、「ここでフィルムを渡さないとああなるな」と思って、もう渋々フィルムを渡してさ。

——当たり前ですよ！　えっ、なんでそこで渋ってるんですか（笑）。

原　「これは政府のクルマだから」ってことも一応言ったんだけど、マシンガンの引き金を引きそうになってて危ないから、2台のカメラからフィルムを抜いて渡したの。そうしたら立ち去った。いや、何が残念だったって、バビロンの遺跡で「ダーッ！」をやった写真も取られちゃったからさ（笑）。

——いやいや、命が助かったんですから（笑）。

原　でも何回も「ダーッ！」ってやったんだよ？　それが全部取られちゃった。いや、それまでは観光でもなんでもフィルムを取られるっていうのは知ってたのよ。だからまずいものを撮ったら、かならずすぐに巻き戻してカメラに新しいフィルムを入れていたのに、あのときはすっかり観光気分になっていたからそれをやらなかった。今井絵理子みたいになってた。

——時事ネタ！（笑）。

原　だから観光気分じゃダメなんだよ（笑）。

——そういう体験もすべて学びですね。

原　うん。たとえ観光写真でもプロならすぐに巻き戻さないといけない。本当はフィルムがもったいないけど、でもいつも本当にそうしてたのよ。巻きながら撮って、撮れたら巻き戻すを繰り返す。たとえ10枚しか撮っていなくても、それをやらないといつ取られるかわからないから、カメラに入っているのはいつ取られてもいいフィルムにしておかないといけない。でも、またその次も取られたんだよ。

――それはいつですか？

原　また、そのときのイラク。マシンガンを突きつけられたあと、今度はサダム・フセインの息子と猪木さんが会って話をしていたときにサッカーの話題になったの。ウダイ・フセインが「俺もサッカーをやっていて、ヒザにこれだけ傷があるんだ」ってズボンをめくり上げたところを撮ったの。そうしたら、帰りにお付きから「いい写真を撮ったね」って言われたから、「ああ、もう間に合わない。早く抜いとくんだった……」って。

――えっ、どうしてそれも没収なんですか？

原　ああいう要人って替え玉とか影武者とかいろいろあるじゃん。だから身体の傷は証拠になるからいちばん撮っちゃダメなんだよ。

――なるほど。そういうことなんですね。

原　で、フィルムを取られたことを猪木さんに話したら、猪木さんは笑ってた。その感覚がわかるから「まあ、しょうがねえな」って。

――やっぱり瞬間を撮るんですね。新日本で内部クーデターが起きて猪木さんが社長を辞任したときも、原さんは大宮スポーツセンターの控室で猪木さんが山本小鉄さんに詰められている瞬間を撮っていますよね。

原　だって、猪木さんは何を撮ったって怒らないもん。1回も言われたことないよ。

――原さんもまた「感じたら走り出せ！」という猪木イズム継承者ですよね。ちょっと走りすぎるきらいはありますけど（笑）。

原　ねえ。でも人生は限られているから。残された時間には限りがあるから、やりたいことはやらないともったいないよ。で、やりたくないことは絶対にやっちゃダメ。それも時間がもったいないからね（笑）。

原悦生（はら・えっせい、はら・えつお）
1955年生まれ、茨城県つくば市出身。写真家。
早稲田大学を卒業後、スポーツニッポンの写真記者を経て、1986年からフリーランスとして活動する。16歳のときに初めてプロレス観戦して、そこでアントニオ猪木を撮影して以降、約50年プロレスを撮り続けている。猪木とともにソ連、中国、キューバ、イラク、北朝鮮なども訪れた。サッカーではUEFAチャンピオンズリーグに通い続け、ワールドカップは1986年のメキシコ大会から10回連続で取材している。著書に『猪木の夢』『Battle of 21st』『アントニオ猪木引退公式写真集 INOKI』『1月4日』、サッカーの著書に『Stars』『詩集 フットボール・メモリーズ』『2002ワールドカップ写真集 Thank You』などがある。AIPS国際スポーツ記者協会会員。

バッファロー吾郎Aの
きむコロ列伝!!
Buffalo GoroA

第141回 2023年7月の日記

バッファロー吾郎A

バッファロー吾郎A/本名・木村明浩（きむら・あきひろ）1970年11月24日生まれ/お笑いコンビ『バッファロー吾郎』のツッコミ担当/2008年『キング・オブ・コント』優勝

2023年7月の日記をココに掲載したい。メモ程度なので見直してみて「これは何だ?」というモノもあるので補足説明的なモノも入れてみた。誰も興味がないと思うが、暇つぶしにご覧いただきたい。

7月7日　80・8キロ
マルさんの所で髪を切ってもらったあとに後楽園に移動してドラゴンゲート後楽園ホール大会観戦。

いつもGAORAで観ているドラゲー後楽園大会を初めて生観戦。マスクをしながらの声援がOKになったので会場は初っ端からヒートアップ。シングルナンバーワン決定トーナメント『KING OF GATE 2023』の開幕ということで入場式も見られて大興奮。入場式ってなんでカッコええんやろう。どの試合もお世辞抜きで面白かったが、この日はBIGBOSS清水選手の勝利が特に印象深かった。

日付の下の数字はその日の朝に計った体重である。

7月9日　80・5キロ
知人と知人の知人の方々と4人で会食。

私たちが見聞きするニュースと事実とが180度違うことがあり得ることに驚き。それがSNSなどでさらに捻じ曲げられて伝わってしまう恐ろしさ。一人の人生を狂わす最低な話を聞いてかなしい気持ちに。早く真実が表に出れば。

7月13日　81・7キロ
体重が急激に増え始めた。

舞台の稽古&本番が終わって生活のリズムが落ち着いてきたのに食べる量が減っていないのでそりゃそうなる。

7月16日　82・3キロ
水谷千重子五十周年記念公演稽古。

明治座で大盛況だった千重子先生の公演が27日から博多座で再演されるのでその思い

出し稽古。1カ月近く経っているが意外と憶えていた。稽古終演後にずんの飯尾さんと二人飯。真面目な話。帰りの電車が逆方向だったので向かいのホームにいた飯尾さんを1枚パシャリ。それをノリでSNSにあげたら生まれて初めてバズった。I効果（飯尾効果の略）すさまじき。

7月18日　81・8キロ

思い出し稽古終了後に三鷹に移動、一答必殺大喜利『徒手空拳』。

【出演】バ吾A、せきしろ、アイアム野田、や団本間キッド、ザ・ギース、ラブレターズ溜口、小島はな（AMEFURASSHI）、ターリーターキー（MC）

8人による一問一答の大喜利トーナメント。優勝は小島さん。小島さんは現役のアイドル。お笑いに真摯に向き合っているのが凄いと思う。

7月20日　80・9キロ

病院へ定期健診。

数値が少し悪くなった。夏で汗をかいて体内の水分が不足しているかららしい。水分をこまめに摂れば多分問題ないとのこと。それを聞いて少し安心。

7月21日　81・0キロ

や団本間キッドと東中野のBARバレンタインへ。

大阪時代からファンのTシャツブランド『ハードコアチョコレート』さんのバー。MUNEさんとのラジオ収録も含めて4度目。プロレスとか漫画とかゲームとかいろいろ気を遣わなくていいから落ち着く。

7月23日　81・2キロ

『泣いたらあかん』博多座公演を観劇。

友近オススメの舞台なので博多入りの予定を2日早めて博多へ。主演は藤山直美さん。生藤山さんは初で感激。さらに尊敬する内場勝則さんとの初共演に興奮。泣いて笑っての素晴らしいお芝居。

7月25日　81・2キロ

熊本城へ一人旅。

水谷千重子博多座公演のリハーサルは明日からなので熊本城へ。博多から熊本まで九州新幹線で40分と近い。青空とお城の組み合わせが絵に描いたように美しく天守閣が巨大ロボのようでカッコイイ。

7月27日　81・3キロ

水谷千重子五十周年記念公演『大江戸混戦物語ニンジャーゾーン』博多座公演初日。

大入り満員。さらに増席したらしい。盛り上がりが凄かった。

7月29日　81・0キロ

八公太郎出演。

終演後、少し身体がだるかったのでホテルに戻って熱を計ると38度7分。

7月30日　?・?キロ

博多座公演を体調不良で休演。

情けないやら悔しいやら。私の代演は作家の二葉森乃介さんが。皆さんにご迷惑をお掛けして申し訳ない。

※8月4日より復帰しました。

姉さん、僕の2023年7月はこんな感じでした。

HENTAIZADANKAI

玉袋筋太郎の変態座談会

TAMABUKURO SUJITARO

“クラッシュ・ギャルズ”

LIONESS ASUKA

ライオネス飛鳥

女子プロレスの既成概念をぶち壊して
女性の時代の先駆けとして社会現象を
巻き起こしたクラッシュ・ギャルズ !!
10月1日は横浜武道館に集結せよ !!

収録日：2023年8月9日　撮影：タイコウクニヨシ　試合写真：山内猛　構成：堀江ガンツ

[変態座談会出席者プロフィール]

玉袋筋太郎（1967年・東京都出身の56歳／お笑い芸人／全日本スナック連盟会長）

椎名基樹（1968年・静岡県出身の55歳／構成作家／本誌でコラム連載中）

堀江ガンツ（1973年・栃木県出身の49歳／プロレス・格闘技ライター／変態座談会主宰者）

[スペシャルゲスト]ライオネス飛鳥（らいおねす・あすか）

1963年7月28日生まれ、埼玉県蓮田市出身。本名・北村智子。元プロレスラー。高校を中退した1980年に全日本女子プロレスに入団。同年5月10日に同期の奥村ひとみ、師玉美代子との巴戦でデビュー。1981年に全日本ジュニア王座、1982年に全日本シングル王座を獲得し、1984年8月には長与千種とのタッグ「クラッシュ・ギャルズ」がWWWA世界タッグ王座を獲得。さらに同年8月、『炎の聖書』で歌手デビューも果たし、クラッシュ・ギャルズは一大ブームを巻き起こす。1989年に一度現役を引退する。引退後はタレント活動などをしていたが1994年11月におこなわれた全女の東京ドーム大会で現役復帰。その後、吉本女子プロレスJd'やFMW、LLPWに参戦する。1995年にはWWF（現WWE）のPPV・サバイバー・シリーズに出場。1998年12月27日にGAEA JAPAN初登場。長与とは1999年4月4日、9月15日に2度にわたるシングルマッチをおこない、2000年5月14日に「クラッシュ2000」として再始動する。2005年4月3日、GAEA JAPAN横浜文化体育館大会を最後に現役を引退した。

「中1のとき、私は凄い肥満児だったんですけど『絶対にジャッキーさんみたいになる』って決めて20キロ痩せたんです」(飛鳥)

玉袋　飛鳥さん、先日はどうも！

飛鳥　このあいだはありがとうございました。

ガンツ　玉さんと飛鳥さんは、最近お仕事か何かで一緒だったんですか？

玉袋　いやこの前、井上尚弥の試合に招待してくれた人が観戦後に銀座のお店に連れて行ってくれてね。立派なお店だったんだけど、そこが偶然、飛鳥さんのお店だったんだよ！

飛鳥　そう。ご一緒させていただいて。

玉袋　それ以来ですよね。そのときもいろいろお話をうかがったんですけど、今日は飛鳥さんのレスラー人生を振り返ってもらいたいなと。

ガンツ　この座談会にはこれまでいろんなレスラーや関係者の方に出ていただいていますけど、全女の人にもけっこう出てもらっているんですよ。

飛鳥　いままで誰が出ているんですか？

玉袋　長与(千種)さんとかブル(中野)ちゃん、立野記代さんとかね。

椎名　あと忘れちゃいけない、阿部四郎さんも(笑)。

玉袋　亡くなるちょい前に、阿部さんの〝シマ〟である(東京都)立川の居酒屋でやらせてもらったんだよな。

飛鳥　阿部ちゃんは、もともとレフェリーじゃなくて興行師なんですよ。それが極悪同盟を作るとき、「レフェリーでも悪役が必要だよな」ってなって、「じゃあ、俺がやる」って(笑)。

玉袋　なんで興行師が立候補してるんだってね(笑)。極悪の前に普通のレフェリーもやってたりはしなかったんですか？

飛鳥　いや、最初から極悪でした(笑)。クラッシュと極悪の抗争があれだけ盛り上がったのは、阿部ちゃんのおかげでもあると思うんですよ。

椎名　絶対そうですよ。あからさまに極悪びいきのレフェリング！(笑)。

飛鳥　私たちがフォールされると、もの凄く速くカウントを取るから、真剣に肩を上げないといけないんですよ(笑)。

玉袋　あれがよかったんだよな〜。あの腹が出た体型もふくめて完璧だったよ。

椎名　レフェリーがドクロのバックルのベルトをしてましたからね(笑)。

玉袋　飛鳥さんと女子プロレスの出会いっていうのは、どんな感じだったんですか？

飛鳥　好きになったのは中学生のときですね。それまでは嫌いだったんですよ。私は凄い肥満児で背も高かったから、よく「プロレスラーになれ」とか言われて。頭の中は女子プロレス＝肥満児っていうイメージで、コンプレックスだったんです。でも中1のときにたまたまテレビでビューティ・ペアを観て、ジャッキー佐藤さんもマキ上田さんもスタイルがよかったじゃないですか？　それでジャッキーさんが大好きになったので、「絶対にジャッキーさんみたいになる」って決めて、そこから20キロ痩せました。

玉袋　すげえ！　どんなダイエットグッズよりジャッキー佐藤を見ろと。

飛鳥　ジャッキーさんを見た日から毎日、腹筋３００回やって炭水化物を食べなくなりましたから。

椎名　その頃から炭水化物カットのダイエットしてたんですか？

飛鳥　ご飯粒を抜くと痩せるっていうイメージがあったので。それまではお姉ちゃんのおかずを盗んで食べていたくらいなんですけど（笑）。炭水化物抜き、甘いものもいっさい摂らなくなりました。ジャッキーさんがいなかったら、いまの人生はないですね。

玉袋　そういう女のコがたくさんいたんだろうな〜。ビューティ・ペアみたいになりたくて女子プロレスを目指すっていうね。

飛鳥　それまで女子プロレスに入るコはスカウトで入っていたんですけど、ビューティ・ペアが大人気になって、初めてオーディションをおこなうことになって、その第1号がジャガー（横田）さんだったんです。

椎名　ジャガーさんが、ある意味で現代女子プロレスの第1号なんですね。

飛鳥　昔の女子プロレスは家が貧乏だったり、片親だったり、学校に行くのが嫌だったり、いろんな家庭の事情があるコが多かったんですよ。でもアジャ（コング）から下の世代から変わりましたね。ラス・カチョーラスのふたりなんか、下田美馬はお父様が銀座でクラブを2軒出してたりとか、三田英津子は三田財閥長男のご長女ですから。

椎名　三田財閥（笑）。

飛鳥　時代が変わったなと思って。

「飛鳥さんは書類選考を通過した200人中4人だけ選ばれる狭き門を通過したエリートだったんだな〜」（玉袋）

玉袋　でも、その時代を変えたのがビューティ・ペアであり、クラッシュ・ギャルズってことだもんな。

ガンツ　財閥のお嬢様すら憧れる存在という。

玉袋　飛鳥さんは、男のプロレスには興味なかったんですか？

飛鳥　私はプロレス自体より先にジャッキーさんが好きになったので、男子のプロレスはいっさい観ることはなかったです。自分の世代の女のコが憧れるのは、ピンク・レディーか宝塚のベルサイユのばら、それかビューティ・ペアかで、私はビューティ・ペアだったんですよ。

椎名　その3つが、女のコが「カッコいい」と憧れる対象だったんですね。たしかにピンク・レディーって、女のコ女のコしてないもん。

ガンツ　振りつけもダイナミックで、アスリートっぽいですもんね。

玉袋　それを考えると、飛鳥さんが少女時代に読んでいた少女コミックはなんだったんですか？

飛鳥　『マーガレット』と『フレンド』ですね。私の「ライオネス飛鳥」っていうリングネームも漫画から取ったんですよ。あるとき、会社から「おまえ、明日からリングネームは『ライオネス』な。下の名前は自分でつけろ」って言われて、読んでいた漫画の主人公の名前が「あすか」だったんでつけたんですよ。漫画のほうは「明日香」という漢字で、私の名前も最初は「ライオネス明日香」だったんですけど、その頃、全日本シングルのベルトを獲っていたのに、松永兄弟から「おまえは強いけどつまんねえな」って言われて、精神的スランプに陥って。

玉袋　そのデリカシーのなさが松永兄弟！

飛鳥　それでが画数を調べたら「明日香」より「飛鳥」のほうがよかったんで、「ライオネス飛鳥」になったんです。ちなみに占いの先生にみてもらったら、本名の「北村智子」って運勢は最悪だったんですよ。

玉袋　え〜っ、よさそうだけどな。

飛鳥　だからライオネス飛鳥に助けられた人生だと思っているんです。

玉袋　ということは、待てよ。俺も本名の赤江祐一じゃなくて「玉袋筋太郎」に助けられたってことか？

ガンツ　玉さんの場合、画数はあまり関係なさそうですけどね（笑）。

椎名　画数を超えた名前のインパクト！（笑）。

飛鳥　私は17歳の頃からライオネス飛鳥なので、人生の大半をライオネス飛鳥で過ごしているんですよ。クラッシュ・ギャルズになる前からですから。

玉袋　全女は何歳のときに入ったんですか？

飛鳥　高校1年で中退して入っています。

玉袋　飛鳥さんの時代はオーディションを受けた人数も凄かったんじゃないですか？

飛鳥　いや、私が受けたときはビューティ・ペアもマキ上田さんがすでに引退されていて、女子プロレスが下火になっていたときだったんで、そんなにいなかったと思います。一応、曙橋のフジテレビでオーディションをやったんですけど、たぶん200人とか。

玉袋　それでも書類選考を通過した200人の中から選ばれたのはすげえよ！

飛鳥　そのとき受かったのは、自分と伊藤浩江ことタランチュラと、奥村ひとみと師玉美代子の4人だけだったんですよ。

ガンツ　じゃあ、ダンプ松本さん、長与千種さん、大森ゆかりさんはオーディション外だったんですか？

飛鳥　大森と千種は推薦で入ってきたんです。千種は空手をやっていたからどこかの空手の先生から、大森はお父さんが相撲関係だったんでどっかの親方の推薦で。だからデビューは半年違うんですよね。

玉袋　全女に縁故があったって初めて知ったよ！

飛鳥　それでダンプとかクレーン（・ユウ）は、当時松永兄弟が調子に乗ってA班、B班に分けて2グループの巡業を始めて、選手が必要ってことで第2次オーディションをやって、そこから入ってきたんです。

ガンツ　元祖・極悪同盟のふたりは、正統なオーディションでは受からず2次募集だったんですね。

玉袋　そう考えると、飛鳥さんは200人中4人だけ選ばれる狭き門を通過したエリートだったんだな〜。

「私は1試合3万5000円で、千種とダンプは4万5000円だったんです。同じことをやっていて年間で300万円違ったんですよ！」（飛鳥）

飛鳥　でも松永兄弟のずるいところは、入るときに誓約書にサインをさせられたんですよ。そこには「ポスターに載ったら3カ月間は辞めることはできない」とか、いろんな縛りが書かれていて。私たちは子どもだったし、プロレスがやりたいからよく読まずにサインしたんですけど。あとから「こんなに縛られてたんだ」って気づいて、怖いなって。

玉袋　興行師は怖いよ〜。お金はどうだったんですか？

飛鳥　ビューティ・ペアのときは全女が初めて大儲けして、選手にどれぐらい払えばいいかわからないから、ジャッキーさんとかは1試合7万円くらいもらっていたらしいんですよ。自分たちの場合は、デビュー前は月5万円で寮費を5000円引かれて、お米だけ支給されて。

玉袋　新人は生かさず殺さず、最低限の生活しか補償しないのが全女なんですよね。ユニセフとかから怒られるぞっていう。

AJWW

飛鳥　でも当時は巡業が多かったんで、2班に分かれているときは全員連れて行かれたんですけど、それがまた1班になったときは人数が多すぎるってことで、まだ未熟な新人は置いていかれるんです。自分と大森は鍛えて身体もできていたんで巡業は全部連れて行ってもらえたので、試合給ももらえてあんまりお金には困らなかったんですよ。千種とかダンプは巡業に連れて行ってもらえなくて、お米しかないから、ご飯にタバスコをかけるタバコスライスとか、ご飯にバターを乗せるだけのバターライスとか食べていたらしいんですけど、私は食べたことないんです。

玉袋　全女は新人時代から〝格差社会〟だったんだな〜。弱肉強食っていうね。

飛鳥　試合に出られるようになると前半が6000円、後半のセミやメインに出ると8000円とかになって、最終的に人気絶頂のときは私は3万5000円だったんです。

玉袋　1試合3万5000円？　もっともらってもいいよ！

飛鳥　全盛期は年間300ぐらい試合をしていたんですけど、辞めてから聞いたときに千種とダンプは1試合4万5000円だったんですよ。年間300試合なんで、同じことをやっていて300万円違ったんですよ！

玉袋　クラッシュ・ギャルズ同士でも格差があったんだ！　これは揉めるぞ〜！

飛鳥　当時は知らなかったので、お金で揉めることはなかったんですけど。あとになってわかったのは、よく事務所に顔を出す人は給料が上がっていくんです。

玉袋　ワハハハハ！

飛鳥　大森なんて松永兄弟に気を使ったりしないから2万5000円だったんですよ。「言いに行け」って言って、3万5000円になったんですけど。

ガンツ　松永兄弟の露骨なえこひいきっていうやつですね（笑）。

飛鳥　あの兄弟は平気でそういうことするんです。もう笑うしかない（笑）。

玉袋　いやあ、たまらんな〜。

ガンツ　ちょっと話を戻しますが、憧れのジャッキーさんと同じ団体に入って、内側から見た印象はいかがでしたか？

飛鳥　私は新人の頃から「ジャッキー2世」ってポスターにも書かれていたんで、凄くかわいがってもらったんです。普通じゃありえないことなんですけど、トップスターのジャッキーさんが新人の私に対して手取り足取り教えてくれて。ジャッキーさんの得意技だったビッグブーツも「使っていいよ」って言ってもらえて。それで16歳の私は調子に乗っちゃったんですね。ある日、モンスター・リッパーがソバージュをかけてきて、ジャッキーさんが「モンちゃん、かわいいね」って言ったとき、私が「ジャッキーさん、自分は?」って言ったら、それ以来ひと言も口を利いてくれなくなったんですよ(笑)。

ガンツ ジャッキーさんがモンスター・リッパーを「モンちゃん」と呼んでいたことも衝撃ですが(笑)。かわいがってはいても、新人が調子に乗って軽口を叩くのは許さなかったんですね。

玉袋 詫びを入れたりしてもダメなんですか?

飛鳥 ダメですね。

玉袋 カテェ!

「70年代までは『女は女らしくなきゃいけない』っていう時代だったけど、80年代前半から女のコたちがクラッシュを観てカッコいい女に憧れた」(ガンツ)

飛鳥 でもジャッキーさんは人にも厳しいけど、自分にも厳しい人だったんです。最後にご病気になられたとき、全女の35周年大会(2003年5・11横浜アリーナ)のときにビューティ・ペアが来られたんですけど、そのときも痩せ細っていて。なんか人伝えに聞いたら、完治に向けての治療をしなかったようなんです。

玉袋 そうなんですね。

飛鳥 ジャッキーさんのインタビューを見ると、「40代の人生でいい」って言ってらっしゃったんですけど、本当に41歳ぐらいで亡くなったんで。

玉袋 まあ有言実行とはいえ寂しいですよね。

飛鳥 ビューティ・ペアがいたからこそ、私たちがいて。私たちを見てアジャたちがいて、アジャたちを見て次が入ってきて、そうやって歴史をつないでいっていまがあるので。それより前の世代のマッハ文朱さんや赤城マリ子さんにも感謝していますけど、女子プロレスを世の中の表舞台に出して、存在価値を作ってくれたのがビューティ・ペアだから、やっぱり凄いなって思います。

玉袋 ビューティ・ペアなくして、その後の女子プロレスはないわけだもんね。

飛鳥 私のお店に来るお客さんで、私がライオネス飛鳥ってわかっているのに「歌ってよ。ビューティ、ビューティ」ってかならず言われるんですよ。ボケじゃなくてマジで。だからクラッシュの歌って私たちのファンの方しか知らないけど、ビューティ・ペアの歌って誰でも知ってるんだなって。

椎名 当時は子どもまで、みんな知ってましたからね。

玉袋 ただ、それでもクラッシュ・ギャルズはビューティ・ペアブームを全部凌駕したっていう気持ちがボクにはあるんですよ。

飛鳥 ありがとうございます。時代もありますよね。バブル

の時期だったし。

玉袋　プロレス版・宝塚だった女子プロの概念を全部ひっくり返したのがクラッシュ・ギャルズだと思いますよ。

飛鳥　いまになってファンのコたちに当時の気持ちを聞いたりすると、クラッシュの試合を観たことで、学校のいじめや家庭の問題なんかにも向かっていける勇気が出たっていうような話が多いんですよ。がんばってよかったなって思いますね。

椎名　熱狂度が凄かったですもん。

玉袋　あと歌の歌詞で「俺たち」ってフレーズが出てくることで、あの頃からすでにジェンダーフリーだったから。

飛鳥　デビュー当時の曲は「俺たち」って出てくるんですよね（笑）。

ガンツ　70年代までは「女は女らしくなきゃいけない」っていう時代ですもんね。80年代前半、女のコたちがクラッシュを観てカッコいい女に憧れたっていう。

玉袋　女性の時代の先駆けだよ。それで社会現象になったんだから。

ガンツ　プロレス界で言うと、「プロレス」と「女子プロレス」って、それまでは別物扱いだったんですよね。「女子プロはあくまで女子プロであって、プロレスじゃない」みたいな感じだったのが、クラッシュ・ギャルズから同じ「プロレス」になって、プロレス雑誌にも毎号女子プロレスが載るようになったという。

飛鳥　そういう意味では嬉しいですね。当時は女子プロレスに市民権を得たいっていう気持ちでやっていたので。

椎名　プロスポーツ選手としての尊敬もほしいですもんね。

玉袋　俺の親父たちが観に行っていた頃の女子プロレスは、セクハラの対象でしかなかったから。

飛鳥　松永兄弟が女子プロレスを始めたときはキャバレー回りでリングなんかなくて、マットを敷いてやっていたらしいですからね。で、これは絶対に冗談だと思うんですけど、投げたときにお酒の瓶がアソコに入ったとか。

玉袋　ワハハハハ！　スッポリと。けん玉じゃねえんだから（笑）。

椎名　そういうことを言うんですか（笑）。

飛鳥　その当時の諸先輩方は、そういったキャバレー回りから始めているので、ある意味、松永兄弟も凄いなと思うんですけど。

玉袋　言ったら、酔客相手のエロ混じりの見せ物だったのが、ビューティ・ペアやクラッシュ・ギャルズではゴールデンタイムを席巻するまでになるわけだからね。

「UWFというプロレス界の新しいムーブメントを女子が真っ先に取り入れたのがハマってた。長与千種がハーフハッチを使ったりして」（椎名）

ガンツ　クラッシュ・ギャルズは試合内容でも女子プロレスを変えましたよね。女子プロの〝様式美〟的なことを破壊したというか。

飛鳥　その最初の試合が、クラッシュ・ギャルズの原点ともなった試合なんですよ。自分が全日本チャンピオンで、千種が挑戦してくる後楽園の試合（1983年1・4後楽園ホール）だったんですけど。当時、身体も細くて勝てずに下でくすぶっていた千種から試合前、「このまま（トップに上がる）順番待ちしていても時間がかかるから、禁じ手なしのいままでにない試合をしたい」って言われて。私も松永兄弟から「試合がつまらない」って言われてスランプだったんで、「いいよ」ってなって。これまでの女子プロレス＝華麗な試合、綺麗な試合っていうのをぶち壊したのが、後楽園での一戦だったんですよね。

ガンツ　ナマで攻撃を入れ合うような過激な試合をしたんですよね。

飛鳥　その試合でファンの方が凄く反応してくれて、松永兄弟も「これはいけるんじゃねえか」となって、「おまえら、組め」って言われて千種と組むようになったんです。やっぱり時代を壊したいっていう思いがあったんで、名前はクラッシュ・ギャルズになって。

ガンツ　クラッシュ・ギャルズの登場は、本当に革命だったなって思いますよ。

飛鳥　それまでの女子プロレスにないものを導入していくアイデアは、ほぼほぼ千種だったんです。千種は自分と違って、新人時代から男子プロレスをよく観ていたので。

ガンツ　それまでの女子プロレスって伝統芸能的側面があるというか。技も先輩から譲り受けるもので、女子プロレスの様式を守るのが当たり前でしたよね。

飛鳥　そうですね。新人は技を引退した先輩からいただくんですけど、クラッシュはいきなり誰もやってないサソリ固めとかやってましたから。

ガンツ　芸を譲り受けないでやるっていう。

飛鳥　千種は本当にプロレスが好きだったから、いろんなスープレックスや蹴り技を取り入れたりして。

椎名　UWFを取り入れてたんですよね。

飛鳥　UWFです。クラッシュが人気絶頂のときも前田（日明）さんや髙田（延彦）さんと一緒に練習したり。

椎名　UWFというプロレス界の新しいムーブメントを、女子が真っ先に取り入れたのがハマってましたよね。長与千種のハーフハッチとか。前田日明しか使わない技をもう女子が使ってるっていう。

飛鳥　そうなんですよ。ちゃんと前田さんの了解は得ていて。

玉袋　そりゃそうだよ。〝そういう関係〟があったんだから。

ガンツ　そういう関係（笑）。

飛鳥　有名なんだ（笑）。

椎名　UWFのファン感謝祭でのファンからの質問コーナーでも、「長与さんとの仲はどうですか？」って聞かれてましたから（笑）。

ガンツ　プロレス界の若きスターカップルというのも新しかったですよね。

玉袋　芸能界のマッチと明菜みたいなね。

椎名　たとえが悪い！（笑）。

ガンツ　少し話を戻して。クラッシュ・ギャルズは1983年夏に結成されて、1年後にはWWWA世界タッグのベルトを獲ると同時に人気が沸騰するわけですけど、その前からブームの兆しは感じていましたか？

飛鳥　（前タッグ王者の）ダイナマイト・ギャルズ（ジャンボ堀&大森ゆかり）と3連戦があって、1回目は負け、2回目が引き分け、3回目でベルトを獲って、その日がちょうどレコードデビューの日だったんですけど、後楽園の南側客席の上のほうからリングに向かって降りていく入場シーンで、本当に前に進めないほどファンの人たちがいてくれたんです。全女も消防法を無視してチケットを売れるだけ売ってたんで。

玉袋　そっからはもう怒涛の日々でしょう。一気に来たからね。デビュー曲の『炎の聖書（バイブル）』もいい曲だったしね。

ガンツ　『炎の聖書』は作詞・森雪之丞、作曲・後藤次利ですから、フジテレビが本気で売り出そうとしていたのがわかりますよね。

「松永会長から退職金としてもらったのが700万円ずつ。千種と『1億円もらってもよかったよね』って話をしたんですけど」（飛鳥）

椎名　突然、スーパースターになったことに対するプレッシャーも大きかったんですか？

飛鳥　それに関しては、毎日忙しすぎてプレッシャーすら感じなかったんですよ。頭も身体もついていけてなかったですね。「嫌だ」って言っても毎日ビッチリ仕事を入れられていたし。レギュラー出演していたドラマ『毎度おさわがせします』も、私たちが夜や午後は予定が埋まってるから、TBSの緑山スタジオで朝の撮影だったんです。

玉袋　全女は全国を巡業で回っているわけだしね。

飛鳥　あるとき、当時のマネージャーのロッシー小川に「明

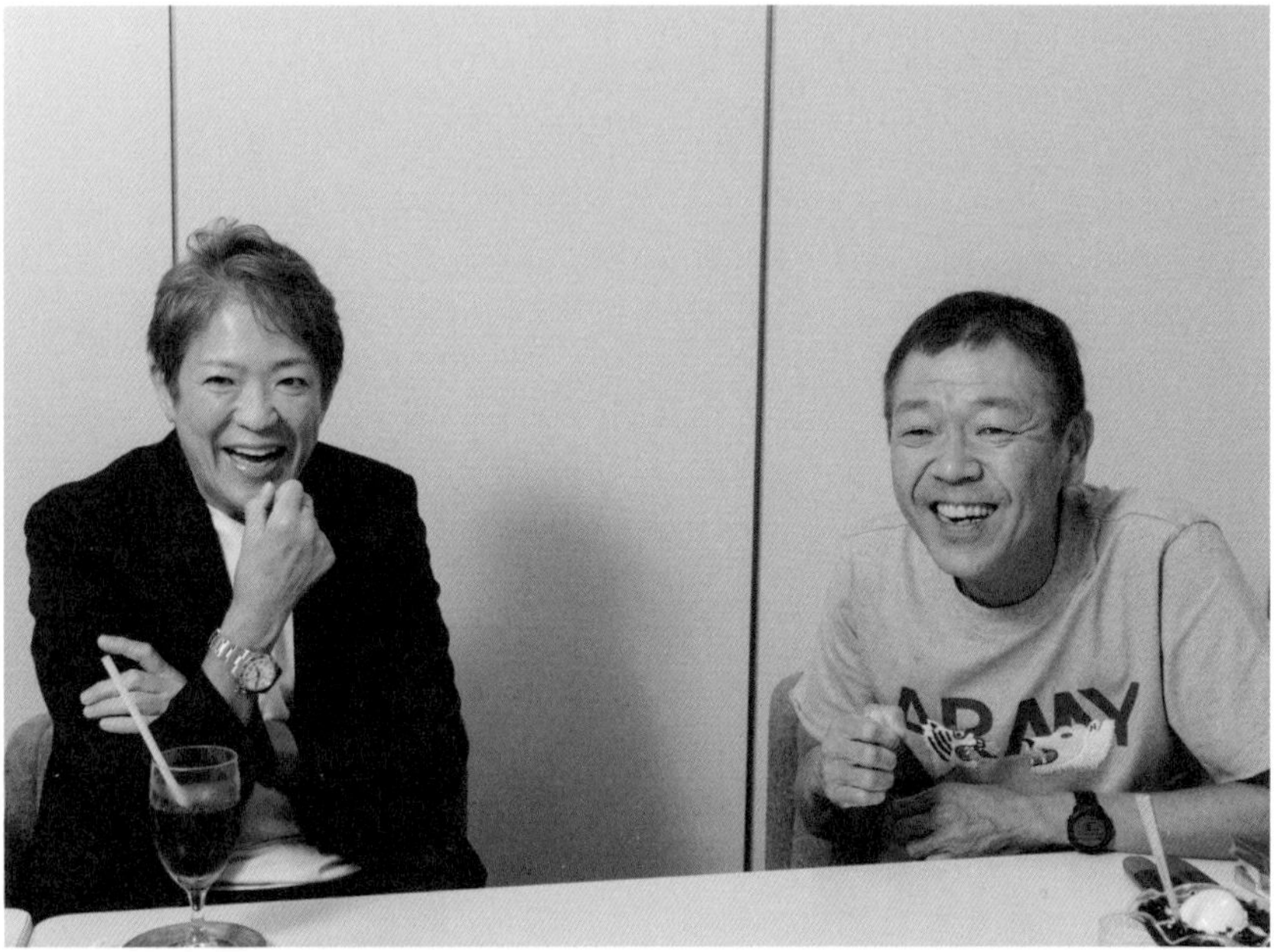

日は目黒の事務所を朝8時出発」って言われていたのが、直前になって「ごめん。緑山に6時に来て」って言われたことがあって。でも私は「目黒に8時。それ以外は受けつけない！」って突っぱねて。共演者は篠ひろ子さんとか木村一八さんとかミポリン（中山美穂）と錚々たるメンバーだったのに、私たちのために数時間待たせちゃって。

玉袋　ワハハハハ！　緑山で言うと『風雲！たけし城』の収録のとき、（たけし）軍団の兄さんの付き人をやってたんですけど、中野坂上のロケバスに集合が朝10時半とかだったから、8時でも全然早い。

ガンツ　錚々たるメンバーと言っても、当時は『毎度おさわがせします』に出ているほかの誰よりも、ちょい役のクラッシュのほうが人気でしたからね。

玉袋　そうだよ！

飛鳥　セリフもなくて暴れるだけだったんですけどね（笑）。

ガンツ　クラッシュは当時のトップアイドルと同等か、それ以上の人気だったじゃないですか。雑誌は『明星』や『平凡』に毎月出ているし、歌番組やバラエティ番組にも出まくっていたので、相当忙しかったんだろうなって。

飛鳥　当時はアイドル番組がいっぱいあったんです。歌番組も「何回歌うの、この曲」みたいな。アイドルの人たちって大変だなって思って。

ガンツ いや、クラッシュはさらにプロレスもやっているんだから、もっと大変ですよ（笑）。

椎名 そういうアイドルとしてのギャラってどれぐらい入っていたんですか？

飛鳥 全然わからないです。1試合のギャラはわかってましたけど、芸能の仕事は会社が何割取って、自分たちはどのくらいもらっていたのかは、全然気にしてなかったから。最近、千種とは「きっと100億ぐらいは稼いだよね」って話しています（笑）。

玉袋 大袈裟じゃなく、それぐらい稼いでたと思うよ。

ガンツ 80年代半ばの日本がいちばん景気のいい時代ですしね。

飛鳥 クラッシュの絶頂期、まだ「辞める」なんてなんにも言ってなかった頃、松永会長から「おまえらに退職金を渡しておくわ」って言われて、そのときにもらったのが700万円ずつでしたからね。

玉袋 それは相当抜いてるな（笑）。

飛鳥 千種とは「当時、1億円もらってもよかったよね」って話をしたんですけど。

玉袋 クラッシュからピンハネしたお金で、松永兄弟はクルーザーを購入していたんだろうな（笑）。

ガンツ クラッシュはプロレス興行の人気と芸能の人気のダブルだったから、相当凄かったと思いますよ。

飛鳥 クラッシュ・ギャルズの5周年コンサートのバックバンドはドリカムでしたからね。

椎名 凄い！ ドリカムがまだ売れる前ってことですよね？

飛鳥 そうです。だから当時から持ち歌だった『うれしい！たのしい！大好き！』とか『未来予想図』なんかは売れる前から知っていたんですよ。ドリカムは「お金がないから歩いてきた」とか「全然食べてない」とか言っていたのに、1年後くらいには急にトップスターになって。以後、ドリカムの経歴にクラッシュのバックバンドだったことは載っていないんですけど（笑）。

玉袋 ワハハハハ！ 消された未来予想図だな（笑）。

飛鳥 でも本当に5周年のビデオを観ると、クラッシュ・ギャルズのTシャツを着た中村（正人）さんがベースを弾いて、（吉田）美和ちゃんがコールしているんですよ。

玉袋 それぐらい歌手活動でも人気がありながら、年間300試合やってたっていうんだから信じられねえよ。

飛鳥 でも、それが当たり前だったんで。全女の興行は18時半に第1試合が始まって、歌のコーナーが19時半なんですよ。でも私たちは直前まで芸能の仕事をして、19時半ギリギリに会場入りして歌を歌って、着替えて試合をして。そして試合後にまた芸能の仕事があるっていう。

玉袋　よく生身の人間をそこまで働かせるよな（笑）。
飛鳥　「ビューティ・ペアみたいになりたい」と思ってこの世界に入って、本当になれたから幸せだったんですけど。あるとき、「なんでプロレスラーなのに練習ができないんだろう？」って思っちゃったんです。当時の友達から言われた「プロレスラーなのになんで練習しないの？」っていう言葉が頭に残っちゃって。そこから歯車が狂って思い悩んで、一時「芸能活動を辞めます」って言っちゃったんですけど。

「飛鳥さんがそこまで苦しんでたとは知らなかった。でも思い悩んでノイローゼになったのもプロ意識あってこそですよ」（玉袋）

ガンツ　それでクラッシュ・ギャルズも活動休止というか、一時解散状態だったんですよね。飛鳥さんはクラッシュの青の水着もやめて黒の水着になって、長与さんがひとりで芸能活動を続けて。
飛鳥　千種は全日本女子プロレス全体を背負っているという意識だったので、ひとりで芸能活動をやってくれていたんですけど、私は自分のことしか考えていなかった。
玉袋　いや、それは「考えていない」んじゃなく「考えられない」状態になってたんだと思うよ。精神的に限界に来ていて。
飛鳥　本当に精神的に苦しみましたね。そういう状態になると、前にもうしろにも、右にも左にも行けないんですよ。巡業中も誰にもしゃべりかけられたくないから、ずっとウォークマンのイヤホンをしっぱなしにして。本当は音楽なんか聴いていないのに、まわりを拒絶するために耳にイヤホンしていた。それがまわりのみんなもわかってるんですよ。もうノイローゼに近かったですね。
玉袋　飛鳥さんがそこまで苦しんでたとは知らなかったな。
飛鳥　当時、神谷美織が付き人をやってくれていたんですけど、「明日は何をしますか？」って聞いても私がいっさい答えないから、美織は自分で考えて、次の日を全部用意してくれてたんですよ。
玉袋　うわー！　神谷さんも大変だ。それにしても飛鳥さん、相当病んでましたね。回復してよかったよ。
飛鳥　ケガもあって3カ月くらい休んだあと、自分がちょっと元気になったとき、千種が千葉でソロコンサートをやっていたんですよ。私の復帰のきっかけとして、会社からファンのコには内緒で「アンコールで『炎の聖書』を歌え」って言われて、千種も了承してくれて出ることになったんです。そしてコンサートの最後に最後に『炎の聖書』のイントロが流れて、私と千種が一緒にステージに上がったとき、会場の盛り上がりが凄かったですね。

玉袋　悲鳴のような歓声だったろうな。ファンの女のコたちは、みんな泣いていたと思うよ。

飛鳥　ライブが終わってバックステージに戻ってきたとき、汗まみれで涙まじりの顔の千種に「やっぱりクラッシュには勝てないよ」って言われたんです。そのとき、「なんて申し訳ないことをしちゃったんだろう」って思って。千種は全女を背負ってひとりで芸能活動をしてくれていたのに、休んでいた私がポンと出ただけで「クラッシュには勝てないよ」と言った、千種のひと言が忘れられないですね。

玉袋　いやあ、それを飛鳥さんが言えるのも凄いよ！

飛鳥　自分のほうが歳はひとつ上なんですけど、千種のほうがプロとしての意識を持っていたんだなと思います。

玉袋　いやいや、飛鳥さんが思い悩んでノイローゼになったのも、プロ意識あってこそですよ。

ガンツ　雨降って地固まるじゃないですけど、あの時期があったからこそ、絆が深まった部分もあるんじゃないですか？

飛鳥　そうですね。ふたりとも1987年に引退して復帰したあと、自分はヒールをやってから2000年にクラッシュを再結成しましたけど、そのときも自分の中では「あの頃は本当にごめんなさい」という思いプラス、「あの時期があったからこそ、また組めるんだな」という思いがありましたね。

椎名　でもコンビとしてそれだけ売れて、もの凄く忙しい中で四六時中一緒にいると、コンビ仲もギスギスしてきますよね。

飛鳥　このあいだ千種ともその話をしていたんですけど、何が嫌ってわけじゃないんだけど、本当に箸の上げ下げさえも気に食わないんですよ（笑）。

玉袋　それは俺もどっかで感じたことあるな……。

ガンツ　プロレス界、お笑い界にかぎらず、これはコンビあるあるですか？（笑）。

玉袋　あるあるでしょう！

飛鳥　仲がよかったら売れないんですよね、きっと。お互いに自我があって、自分が感じるストレスと違うストレスを千種も感じていたかもしれないし。いまだからわかり合えますけど、当時はまだ子どもでしたから。

玉袋　10代で入って、ハタチくらいで大スターだもんね。

飛鳥　16歳で世間から離れて、ずっとプロレスやって人気が出たとき、千種とはお互い「天狗になるのやめようね」って言っていたんです。でもトップになったあとはすべてまわりがやってくれるから、知らず知らずのうちにそうなっていたのかもしれないですね。

ガンツ　またクラッシュ・ギャルズっていうのは、チームのエース格は飛鳥さんですけど、司令塔である長与さんのカラーが強かったから、そこもストレスになったんじゃないですか？

飛鳥　最初は全部、千種に合わせていたんですよ。千種の髪型がストレートだったんで、タッグチームらしく自分もしばらくはストレートにして。でも空手着というコスチュームも千種のカラーだし、髪型も千種と同じは嫌だと思って、この髪型にしたのがきっかけで、千種と全部一緒は嫌だなと思うようになっていきましたね。私たちは性格もまったく違うから、一緒にインタビューを受けても正反対のことを言うんです。でも質問に先に答えるのは千種なんで「合わせなきゃいけないんだ」というストレスもあったかもしれないですけどね。

「『長与が引退したあとはおまえを中心にやっていく』って言われたんですけど、3カ月半毎日、立野記代とシングルマッチだった」（飛鳥）

玉袋　でもよかったよ。いろいろあったけど、クラッシュ・ギャルズが復活できたわけだから。

ガンツ　１９８７年に長与さんが先に引退するって決まったときは、どんな思いだったんですか？

飛鳥　あのとき、本当はふたりで一緒に辞める予定だったんです。

ガンツ　えっ、そうだったんですか!?

飛鳥　自分の新人時代は全女の低迷期で、ジャッキーさんの引退試合もお客さんがまばらで凄く寂しかったんですよ。

ガンツ　ブームが去ったあとは、大スターだったジャッキーさん引退試合ですらそうなってしまうと。

飛鳥　だから千種から「じつは辞めようと思う」と打ち明けられたとき、ビューティ・ペアの最期を見ている私は、会社とフジテレビに対して「ひとりで残るのは嫌だから、一緒に引退させてくれ」って言って、強く交渉したからＯＫしてもらったんです。ところが東スポが「長与千種引退」ってすっぱ抜いたあと、松永兄弟から「このあと、おまえが引退を発表しても後追いになるからやめとけ」って言われて。「長与が引退したあとは、おまえを中心にやっていくから」って言われたんで自分も「じゃあ、わかった」と納得したんですけど、千種が横浜アリーナで引退したあと、３カ月半毎日、前のほうの試合で立野記代とシングルマッチをやったんです。

ガンツ　完全に窓際に追いやられてるじゃないですか！（笑）。

玉袋　平気で約束を反故にするっていうね。松永兄弟恐るべし！

飛鳥　あのとき、もう会社はいま大相撲浅香山部屋の女将になっている西脇（充子）と堀田（祐美子）ちゃんを売り出したかったんですよ。

玉袋　ファイヤー・ジェッツね。

飛鳥　あの頃、ファイヤー・ジェッツとか若いペアがいっぱいいたじゃないですか？

ガンツ　北斗晶とみなみ鈴香の海狼組とか、前田薫と高橋美香のハニー・ウイングスとか。

飛鳥　そのどれかが当たればいいと思って、早く売り出したかったんですよ。

ガンツ　そして、ギャラが高いのはお払い箱だと。

玉袋　ギャラが高いって言っても、抜いているわけだから。安いって言ったら安いんだよ？

飛鳥　でも完全に辞めるように仕向けられてたので、体力の限界も何も感じていなかったんですけど、その扱いが嫌だったんで「もう辞めます」って言って。大宮スケートセンターが地元に比較的近いから「そこで辞めろ」って言われたんですけど、「絶対に嫌だ。最後は聖地で終わりたい」って言って、正式な引退試合は後楽園ホールでやるということだけは通しましたね。

玉袋　25歳定年制がまだあった頃だよね？

飛鳥　ありました。自分が26、千種が25で。ジャガーさんもそれぐらいで辞めたのかな？

ガンツ　当時の全女は昭和のアイドルと同じで、ある程度の年齢にいったら強制的に卒業させられていたんですよね。

玉袋　技術はあるわけだから、まだまだリングで素晴らしい試合ができるのに、辞めなきゃいけないのはもったいないよな。

飛鳥　少しでも落ち目になってきたらもういらないんですよ。仕方ないですけどね。向こうも人気商売だから。

ガンツ　既存のスターを長く引っ張るより、次のスターが出てくるだろうという。

飛鳥　だからビューティ・ペアで当たって大金を稼いで、松永兄弟全員が家を建て替え、クルマを買い替え、船を買い。ウチらで稼いでまたみんな家を買い替え、クルマを買い替え、船を買いましたからね。

玉袋　その船が沈んだんだよな（笑）。

椎名　それは女子プロレスが全女しかなかったからできたんだと思いますけど、90年代になると多団体時代になって、全女を辞めてもほかの団体でいくらでもできるようになりましたよね。だから25歳定年で辞めなきゃいけないのはクラッシュが最後じゃないですか。

飛鳥　女子プロレスの構造自体が変わりましたね。ブルの時代は私もテレビ解説に入っていましたけど、彼女たちはつらい時代に男子プロレスと交流して新しい男のファンを取り入れることで、私たちの時代とはまた違ったプロレスになっていったので。その後の時代はあのコたちが築いたんだと思いますね。

「クラッシュは千種が司令塔だったけど、ヒールとしてプロレス頭を使うことに目覚めてからはプロレスが本当に楽しくなった」（飛鳥）

椎名　クラッシュで女子プロレスに革命を起こした飛鳥さんから見ても、ブル、アジャ、北斗晶のプロレスは過激でしたか？

飛鳥　過激だし、複雑になっていましたね。だから1994年に「千種が復帰したなら自分もできるじゃん」って安易な気持ちで現役復帰したとき、プロレスそのものが違うからもの凄く苦労しました。ちょうど甲状腺の病気にもなって、ジャイアントスイングも回せなくなり、東スポに「ライオネス飛鳥はゴミ」って書かれたんですよ。

椎名　ゴミ！　ひどいですね～。

飛鳥　復帰したときは、ジャガーさん、バイソン木村と「ライディーン・アレイ」というユニットを組んでいたんですけど、ジャガーさんとバイソンだけ吉本女子プロレスに誘われて、自分が取り残されたときは号泣して。このままフェードアウトしようかなとも思ったんですけど、こんな無様なまま消えたら、クラッシュ・ギャルズ時代のライオネス飛鳥も無駄になると思って、病気をしっかり治して、総合格闘技も経験してから復帰したんです。

ガンツ　飛鳥さんって黎明期の女子バーリ・トゥードにも出てましたけど、病み上がりだったんですか！　しかも飛鳥さんって、そこから復帰後にまさかのヒールに転向して、レスラーとしての実力の全盛期を迎えるから凄いですよね。

飛鳥　そのきっかけをくれたのがFMWのレフェリー兼広報だった伊藤豪さんだったんですよ。「飛鳥さん、猛毒隊（シャーク土屋&クラッシャー前泊中心のヒールユニット）と組んでヒールをやってみませんか？」って言われて、悩んだんですけど、病気のときも一か八かで治療して治ったので、人生って一か八かなんだなと思って、思いきってヒールの道を選んだら、凄く楽しかったんです。

ガンツ　プロレスってこんなに楽しいものなんだって、ヒールになって気づいたみたいな。

飛鳥　本当にそうですね。

椎名　平成裁恐猛毒GUREN隊ですよね。なんちゅう悪い名前だと思って（笑）。

ガンツ　各団体の悪い3チームが合わさって、銀行の合併的にその名前になったんですよね（笑）。

飛鳥　そうそう（笑）。ウチらが裁恐軍だったんですけど、そこに猛毒隊とLLPWのイーグル沢井がやってた平成GUREN隊が合わさって、平成裁恐猛毒GUREN隊でしたね。

玉袋　悪の全部盛りだな。でもクラッシュ・ギャルズで一世を風靡した飛鳥さんが、復帰してヒールになってからプロレスの本当の楽しさを知ったっていうのが深いな。

飛鳥　クラッシュ・ギャルズは司令塔が千種だったんで、私は頭を使う必要がなかったんです。でも復帰してヒールとしてプロレス頭を使うことに目覚めてからは、プロレスが本当に楽しくなりましたね。クラッシュ・ギャルズのときはそこを楽しめてなかったんで。

ガンツ　ヒールになって、自分のプロレス頭に自信がついたからこそ、長与さんのGAEA JAPANにも乗り込んで行けたんじゃないですか？

飛鳥　そうですね。平成裁恐猛毒GUREN隊もそうなんですけど、GAEAでのSSCは芸術だと思っているんで。それと同時にクラッシュ2000を結成したときも、千種はそれまでヒラヒラがついたコスチュームでしたけど、自分はヒールで作り上げたイメージを消したくなかったんで、ヒラヒラのついていない黒で統一したコスチュームにしたんですよ。ふたりの衣装を作るとき、「これだけは譲りたくない」と思って言わせてもらいました。だからクラッシュ・ギャルズとはまた違ったクラッシュ2000を楽しめたかなって思いますね。

ガンツ　長与さん主導のクラッシュ・ギャルズとは違って、クラッシュ2000は本当の意味でふたりの個性が合わさったものになったんですね。

玉袋　カアー！　たまらんねえ。

飛鳥　その5年後、自分は首をケガして医師から「次にやったら、四肢が麻痺するよ」って言われて、千種も肩が悪かったから、ふたりで「今度こそ一緒に引退しよう」と決めたんです。それでGAEAとも話して、（2005年4月3日）横浜文体で同時引退することが内定したんですけど。（里村）明衣子や（加藤）園子やGAEAの若いコたちが「クラッシュさんたちがいなくなるなら、自分たちもフリーでやります」っていう意見を言ったらしくて。文体の1週間後の後楽園で解散式をやることになったので、千種の引退はその後楽園になったんですけど。おもしろいのは、最初の引退は千種が横浜アリーナで、私は聖地の後楽園。2度目の引退は、千種のほうが後楽園で、自分が同じ横浜の文体になったので、それも運命なのかなって。

「クラッシュの40周年イベントがまた女子プロレスが盛り上がるきっかけになってくれればいいなと思っているんです」（飛鳥）

玉袋　横浜と後楽園に磁場があるんだろうな。

ガンツ　そういう縁があるからこそ、今年10月1日におこなうクラッシュ・ギャルズ40周年のイベントも横浜武道館でやることになったんですか？
飛鳥　それも運命なんですよ。最初は35周年のとき、千種の団体マーベラスから「KAORUが復帰するから、その大会でクラッシュとして歌ってくれないか」という話をもらったんです。KAORUも自分の元付き人だったので。それで事務所の人と相談したら「何十年ぶりにふたりが揃うなら、後輩の復帰の日じゃなく、ちゃんとクラッシュ・ギャルズ復活をメインでやったほうがいいんじゃないか」ということになって、話が途中まで進んでいたんですけど、お互いのスケジュールの都合もあってうまくいかなくて。そうこうしているうちにコロナが始まってしまい。
玉袋　コロナでの計画中断は、ここ数年たくさんありましたもんね。
飛鳥　そして今年、コロナも緩和されてきてちょうど40周年、自分も60歳になる記念すべき年だからやろうってことになったんですけど、どうにも会場が取れないんです。それでいろんな人に協力いただいて、遠方からも来られる日曜日と考えたときに押さえられたのが横浜武道館だったんです。だから、これも意味があるのかなと思いますね。
ガンツ　横浜武道館は、旧横浜文体の後継会場ですもんね。
玉袋　そうか！
飛鳥　自分はまだ新しくなってから一度も行けてないんですけど、バンドも入れて大掛かりにやりたいと思っているので「いよいよだな」という感じですね。
玉袋　最高！
椎名　苦しい時期もあったけれど、40周年でまた一緒にやれるのが素晴らしいですね。
飛鳥　本当に来てくださるファンの皆さんと同じ空気を吸って、あの頃に戻れたらなと思いますね。ファンの人たちもいろいろな問題を抱える年代になってきて、大変な局面に突入している人もいると思うんですけど。あの頃、クラッシュ・ギャルズを観てつらいことを乗り越えてくれたように、少女の頃に戻って、また明日に向かって前向きになれるようなイベントにしたいですね。
玉袋　いいね。泣けてきちゃったな。
ガンツ　『炎の聖書』や一連のヒット曲を聴いたら、一瞬であの頃にタイムスリップしちゃいますよ。
椎名　みんな紙テープを買って集まってほしいね。
ガンツ　女子プロレスは紙テープを投げる文化がまだ残っているのがいいですよね。普通のコンサートじゃ、紙テープ投げは禁止ですもんね。
飛鳥　これはおこがましいんですけど、また女子プロレスが盛り上がるきっかけになってくれればいいなと思っているんです。「クラッシュ復活」のニュースが報道されて、クラッ

シュ引退以来、プロレスから離れていた大人たちがまたプロレスを観にくるかもしれないし。子どもたちを連れてきてくれるかもしれない。

玉袋　子どもどころじゃない、もう孫を連れてくるよ！

飛鳥　そうやって女子プロレスに恩返しができたらなって思っています。

玉袋　いや～、素晴らしい！　では10・1横浜武道館、大成功をお祈りしてます！

鈴木みのるのふたり言

第121回

負けがあるから次がある

構成・堀江ガンツ

――鈴木さんは今回、この「ふたり言」以外に稲垣克臣さんとパンクラス旗揚げ30周年記念対談をやってもらいましたよね。

鈴木　稲垣はあいかわらず真面目だったね。なに、今回はパンクラスの話？

――いや、それだと対談と被るところが多いと思うので、ちょっとこれはボクの与太話なんですけど、「鈴木みのる10年周期説」というものを唱えさせていただきたいなと。

鈴木　ほう。なにそれ？

――まず1993年にパンクラス旗揚げ。そのちょうど10年前、1983年にプロレスラーになることを決意されるじゃないですか。

鈴木　そうなの？

――第1回IWGPが83年なので。鈴木さんは猪木vsホーガンの決勝戦を観て、プロレスラーになる決心をしたわけですよね。

鈴木　たしかにそうだね。

――そしてパンクラス旗揚げの10年後、2003年にプロレスのリングに戻ってきたと。

鈴木　じゃあ、2013年は？

――オカダ・カズチカとの初対決で勝利するも、再戦のタイトルマッチでは敗れてIWGP王座奪取ならずと（笑）。

鈴木　アッハッハッハ！　無理やり（笑）。

――ここでIWGPを獲れてたら、鈴木みのる10年周期説は完成していたなと思ったんですけどね（笑）。

鈴木　でも、そこでIWGPを獲れてなかったから、いまも現役の第一線でいられるんじゃないかっていう気もするよ。

――「あがり」になっていないと。

鈴木　ゴールしてないというか。まあ、べつにIWGPを獲ることがゴールじゃないけどね。

――そしてあれから10年後の今年、「ストロ

ングスタイル」という新ユニットを結成して、海外を含めた新たな道を進んでいるわけですからね。

鈴木　その10年周期説の話にあえて乗ると、最近、中学時代の先生から連絡をもらってさ。その先生はまさに1983年、俺が中学3年生のときに「プロレスラーになりたい」って相談した先生なんだよ。

――へえ～、そうなんですか。

鈴木　体育の先生なんだけどさ。まわりがみんな「プロレスラーになるなんて無理に決まってんじゃん」って笑ってたなかで、その先生だけはプロレスラーになるための方法を一緒に考えてくれた。もともと日体大の人だったので「高校でアマチュアレスリングをやってみないか？ジャンボ鶴田や長州力はオリンピックに行ってるから、おまえもオリンピックに行けばスカウトされるんじゃないか」って、そのひと言で俺は高校でレスリングをやるって決めたんだよ。

――最初に導いてくれた先生なんですね。

鈴木　その凄くお世話になった先生から連絡が来て、俺がガキだった頃の昔話をしていたんだけど。

――もう、いいお歳ですよね？

鈴木　俺の10コくらい上なので65歳とかになるのかな。

――あっ、そのときは若い先生だったんですね。

鈴木　大学を出て、最初に赴任したのが俺の中学だったんだよ。だからその先生は「俺の教師生活はスタートがピークだった」って言っていたからね。俺は昭和の金八世代なので、当時は学校内外で問題がいっぱい起こっていたんだよ。

――1983年といえばドラマ『積木くずし』が話題になって、少年少女の非行が社会問題になっていた時代ですもんね。

鈴木　校門に違う学校のヤツがスプレーで落書きして、学校同士の戦争が始まったりしていたからね。そんな時代の先生でさ。俺はそこまで不良じゃなかったけど、ちゃんと進路を考えてくれたからいまがある。そして40年前に抱いた最初の目標が自分の中にまだあるわけじゃん。だから、みんなからは「もう十分でしょ」「まだやりたいの？」ってよく言われるんだけど、俺の中では達成してないから続けられるんじゃないかなっていう気はしてる。そもそも俺のレスラー人生、けっして順調じゃなかったからね。

――挫折を乗り越えていまがあるというか。

鈴木　順調なヤツって凄いじゃん。デビューしてとんとん拍子でスターになったりするけど、俺の場合は新日本に入門したとき、「また、こんなちっちゃいヤツ入れたの？」って言われるところからスタートしてるんで。昭和のレスラーってみんなデカかったじゃん。まだ坂口（征二）さんが現役だったし、前田（日明）さんがいて。テレビで観ていたときはそんなに大きく感じなかった木村健悟さんだってデカいじゃん。

――当時、ジュニアヘビー級だった越中（詩郎）さんもデカいですもんね。

鈴木　デカい。身長185くらいあるんじゃないかな。なんなら渕正信だってそれくらいあるでしょ。

――そうなんですよ。渕さんもデカいんですよね（笑）。

鈴木　でも、あれが昭和のプロレスの平均だったんで。気づけばこの世界を目指してから40年が経って、思いはあの頃から何も変わっていない気がする。途中、自分の中では「達成したかな?」って思う瞬間も何度かあったけど、結局は〝代わりのもの〟を手にしてるだけで、本当の意味で思いは達成できずにいるっていうのはあるかな。だから、まだそれを追い求めて続けていられるんじゃないかって。

——その思いが40年続いているって凄いですね。

鈴木 なんなら、さっき昼メシを食い終わったところなんだけど、今日の昼メシと朝メシ、食ってるものが30年前と同じだからね(笑)。昼は皮なしの鶏肉とサラダ、朝はゆでたまごの白身と茹でたブロッコリー。「あれ、同じもん食ってるな」と思って。

——「ハイブリッドメニュー」と呼ばれた、30年前のパンクラス旗揚げ時と同じですね(笑)。

鈴木 近年は海外からもいろいろ試合オファーをもらって、各会場で俺のことを待っていてくれている充実感はあるけど、それでもまだ満たされないね。だから子どもの頃から夢見てたIWGPのベルトや、たとえWWEのベルトを明日手にしたところで満足はできないんだろうな。それはわかってる。

——次の目標が出てくるからですか?

鈴木 次の目標ともまた違うんだろうなあ。本気で「この人を超えたい」って思った人がもうこの世にはいなくて、超えることができないというのもあるかもしれない。それは(カール・)ゴッチさんだったり、あと正直に言えば猪木さんもそうだし。どこまで行っても追いつけない。だから気持ちがフレッシュなままいられるのかもしれない。

——なるほど。話は逸れますが、自宅にパンクラス旗揚げ戦を報じる『格闘技通信』があったんで持ってきたんですよ。

鈴木 おー、懐かしい。船木(誠勝)さんと表紙になったやつだね。(パラパラと読みながら)30年前の1993年といえば、当時最高の日本人対決の立嶋篤史vs前田憲作があって、全日本キックボクシングの人気がバーッと上がってきたんだよね。

——30年前の『THE MATCH』ですよね。立嶋vs前田はこの年のNKホールでやったんですよ。

鈴木 メインが立嶋vs前田で、セミで船木vsモーリス・スミスをやったんだよね。そうだ、そうだ。

——そしてセミ前には柳澤龍志選手も出ているんですよ。

鈴木 あっ、アイツだ。ビタリ・クリチコとやったんだ!

——そうです。のちのボクシングWBC世界ヘビー級チャンピオンとキックボクシングルールでやってるという。いま考えると、凄まじいことをやってますよね(笑)。

鈴木 最近、立嶋篤史の動画をYouTubeで観る機会があったんだけど、まだ現役でやってるんでしょ?

——そうですね。この前、プロ100戦目をやったという。

鈴木 それを観たんだ。だから同世代にそういうヤツがいると「俺も負けられねえ!」っていう気持ちになるよね。そんな30年以上前からやってるなら、いいかげん満足しろよって言われるかもしれないけど、昔より鈴木みのるという〝入れ物〟自体が大きくなってるから、満たされたはずなのに余白があるんだよ。それで一生懸命に埋めようとして「いやー、満足だ!」と思ったら、また余白がどんどん広がって、いまも広がり続けているっていう。

――昔は、鈴木さんが国内外のインディー団体にこれだけ出るなんて考えられなかったわけですもんね。

鈴木　先日、DDTで記者会見をやって「新幹線プロレス」を発表したんだけど、ものの凄い反響なんだよ。日本だけじゃなく、すぐに海外メディアもパクッと食いついて、DDTのほうから「広がりがヤバいです!」って連絡が来たからね。DDTはサイバーファイトっていう大きな会社になったんで、海外メディア部っていう部署があるらしいんだけど。そこの人間によると、話題の広がり方が異常なんだって。こうなるとチケットはプレミアどころじゃないよ。

――「新幹線プロレス」の会見ニュースを観て、ボクも「行きたい!」って思っちゃいましたよ。

鈴木　あれは通常のチケット販売じゃないから、DDTのサイトから申し込むとJTBに飛ぶらしいんだよね。要は新幹線チケットなので旅行代理店じゃないと売れないいんだって。

――なるほど。じゃあ、取材するにしてもそこで新幹線チケットを押さえるしかないんですね。

鈴木　だと思うけど。それにしても、30年前のパンクラス旗揚げ時に「俺たちが新しいプロレスを作るんだ!」って言ってたヤツが、新幹線プロレスをやることになるとはね（笑）。

――新幹線プロレスも「新しいプロレス」には違いないけど、方向が違いすぎる（笑）。

鈴木　人生わからないもんだね。

――新幹線プロレスは9月18日に開催ということで、パンクラス旗揚げ記念日の3日前ですから（笑）。

鈴木　そんなことを言ったら、俺は新幹線プロレスの次の日、駿河メイと闘ってますからね（笑）。

――これまたあさっての方向性で素晴らしいですね（笑）。

鈴木　もうドキドキする人生だよ。ホントに。

――先が読めない人生ですね（笑）。

鈴木　若い頃はこだわってこだわって、「これがやりたいんだ」「これ以外はやりたくないんだ」って藤原組を離れてパンクラスを作ったからさ。逆にいまは解放されてる部分があるかもしれないね。「こうじゃなきゃいけない」っていうのもなくなり。鈴木みのる現在55歳、夢と希望と未来と可能性しか自分に感じてないよ。子どもみたいでしょ?　もしかしたら15、16のときに戻ったような気がしてる。

――15の夜みたいな（笑）。

鈴木　盗んだバイクで走り出す。まあ、盗まないけど。バイクの免許も持ってないし（笑）。

――それぐらい無闇にエネルギーがあると。

鈴木　あるねえ。だからどこの団体だろうが、どこの国だろうがひとりで行っちゃうし。「守る」ことを考えてたら次に進めなくて、試合の勝ち負けに関しては、負けがあるから次があるんだなっていうのを最近感じてる。負けたその向こう側にある世界っていうのを見つけたというのかな。勝って勝って、登りつめたら「はい、終わり!」なんだろうけど、負けがあるからこそ、その悔しさで明日があるっていう。昭和の劇画アニメ『あしたのジョー』のオープニングテーマだよ。「あしたは、どっちだ」ってね。

プロレスがわかれば世の中が、
そして世界が見えてくる。

斎藤文彦×プチ鹿島

活字と映像の隙間から考察する

プロレス社会学のススメ

司会・構成：堀江ガンツ　撮影：タイコウクニヨシ

第43回

1983年のプロレス界

今夏、『週刊プロレス』が創刊40周年を迎えた。

いまから40年前の1983年は、第1回IWGPでの猪木舌出し事件を筆頭に、重大事件が巻き起こり続けた年だった。

今回のテキストを読めば、いかにこの年がプロレス界にとって、プロレスファンにとって、そしてプロレスマスコミにとっても大転換の年だったかをおわかりいただけることだろう。

「1983年、ボクは夏にアメリカから一時帰国して、デビュー作『いとしのプロレス・inアメリカ』を書いていました」(斎藤)

——この夏で、我々が子どもの頃から大好きだった『週刊プロレス』がめでたく創刊40周年を迎えました！

鹿島　なんかその前に「重大発表」っていうのが出てましたよね？

斎藤　創刊40周年を迎える1週前の号で「次週、重大発表」と予告して、ひさしぶりに「なんだ、なんだ?」と色めきたった。

鹿島　ボクのSNSタイムラインでは「WEBに完全移行か」とか「月刊誌になるらしい」とか、はたまた「休刊だ」とか「令和の『夢の懸け橋』開催」とか、いろいろ騒がれていたんですけど、実際の発表がショボかったんですよね？（笑）。

斎藤　ショボすぎた。そのことにビックリ。

——ターザン山本さんはさすがに鋭くて、「週刊プロレスが創刊したのは1983年の7月最終週。つまり来週だよ。創刊40周年に重大発表だ。くだらん」ってつぶやいていて（笑）。

鹿島　さすがですね。「創刊40周年に関する発表」だということは当てたと。

――で、実際にそうだったんですけど、その40周年記念企画が、なんと闘道館で月イチトークイベント開催だったという（笑）。

斎藤　トークイベントをやるのはべつにいいと思うけど、「これが重大発表かよ？」という反応は当然ある。

――闘道館のトークイベントって、いろいろなマニアックな人が出ていてボクは好きですけど。基本、キャパは40人ですからね。週プロの創刊40周年イベントというにはあまりにもミニマムすぎないかと。

鹿島　ターザン山本時代は『夢の懸け橋』を東京ドームでやったわけですからね。

斎藤　スケールが違いすぎる。

――だからファンの予想だと「週プロが女子プロレスのオールスター戦を『夢の懸け橋』みたいな形でやるんじゃないか？」みたいなのもあったんですけど。まあ、週プロ40周年で「重大発表」って予告されたら、それぐらい期待しちゃいますよね。

鹿島　ところが、長州の「ドーム押さえろ！」ならぬ「よし、闘道館を押さえろ！」だったという（笑）。

斎藤　そもそも毎週のようにいろんなところでやっているトークイベントが創刊40周年記念の何かになりうるのか。それをもったいぶって発表する意味とはなんなのか。

――『KAMINOGE』だって3年前、創刊100号記念のときはもっと大きなイベントをやるはずだったんですよ。

鹿島　これは発表される前にコロナ禍で幻になりましたけど、けっこう凄いメンバーを押さえてましたよね。

――『KAMINOGE』で3年前のゴールデンウイークに後楽園ホールを押さえていて、アントニオ猪木、長州力、前田日明が一堂に会するイベントを開催予定でしたから。コロナ禍ですべての興行が開催できない状況だったんで、発表前に流れてしまったんですけどね。

鹿島　『KAMINOGE』の規模で後楽園ホールを押さえるなんてかなり大変じゃないですか。猪木、長州、前田を揃える交渉も相当大変だろうし。でもサプライズをするなら、それぐらい苦労してでも驚かせることをやってほしいなって思っちゃいますよね。

――というわけで、週プロ重大発表にはズッコケましけど、40年前の週プロ創刊というのは、プロレス史の中でも重大なエポックだったと思うんですよ。しかも、同じ1983年はとにかく重大事件がたくさんあった年で。

斎藤　1983年といえば、まず第1回IWGPのアントニオ猪木「舌出し事件」ですね。

鹿島　それは筆頭ですよね。

斎藤　新日本のクーデター未遂事件もあった。

――そのほかにタイガーマスクが突如新日マットを退団して、全日本ではテリー・ファンク涙の引退やザ・グレート・カブキのブームがあって。

鹿島　うわー、目白押しですね。

――さらに4月には〝スパークリングフラッシュ〟前田日明（当時・前田明）の凱

旋帰国があって、維新軍結成もその年ですから。

斎藤　そうでした。革命軍が長州力、アニマル浜口の合体で維新軍になった。

――だから、もの凄いうねりがあった年なんですよね。というわけで今回は「俺たちの1983年」というテーマで語っていこうと思うんですよ。その時代を語る上で、当時ボクら3人が何をしていたかを明らかにしておこうと思うんですけど。フミさんはどうですか？

斎藤　ボクは1983年の夏にアメリカから一時帰国して、デビュー作『いとしのプロレスinアメリカ』を書いていた。

鹿島　あー、それはさんざん読みましたよ！　ハルク・ホーガンが表紙っていうのがいいですよね。あれは相当売れたんじゃないですか？

斎藤　いやー、そんなには（笑）。

「8月、猪木抜きの蔵前はメインが長州vs藤波で超満員だった。それでのちのクーデター組が自信を持っちゃったっていう説もありますよね」（鹿島）

――フミさんは当時おいくつですか？

斎藤　21歳です。まだ大学3年と4年のあいだで。でも、すでに週プロでも原稿を書いていました。

鹿島　学生でもう著作があるなんて超エリートデビューじゃないですか。さすがだな～。

――鹿島さんはおいくつでしたか？

鹿島　中学1年ですね。ボクの自慢話はIWGPの第1～3回がちょうど中学1～3年だったんですよ。「なんだこれは!?」っていうことの連続で。中学の3年間はずっとIWGPの呪いにかかっていましたね（笑）。

斎藤　じゃあ、IWGPが世界統一のチャンピオンを決めるというのを信じていた感じですか？

鹿島　凄く期待していましたよ。前段階での〝新間節〟が効いていたじゃないですか。全世界サーキットをして、決勝はマジソン・スクエア・ガーデンで開催とか。いざ正式に発表されたら、決勝はいつものように蔵前国技館で「あれ？」って思ったんですけど（笑）。でも観客はパンパンに入ってましたよね。

斎藤　1978年から1982年まで5年間開催されたMSGシリーズと比較してしまうと、出場メンバーもその規模も「いったいどこが違うの？」という感じはありましたけどね。

鹿島　あと、あの年は藤波vs長州ですかね。4月の蔵前で長州が初めてピンフォール勝ちしてからの2～3試合は最高でしたね。

――あの頃の長州は激動なんですよ。藤波に対する「かませ犬発言」が前年10月で、翌年4月に藤波を破ってWWFインター王者になるまで半年なんです。冴えない中堅だったのが、短い期間で大化けしたという。

鹿島　藤波に勝つ試合がまた生々しかったですね。強引に押さえ込む感じでフォールして。

――それで藤波がギリギリでキックアウトしてるようにも見えるところがまた（笑）。

鹿島　あれが絶妙でいいんですよね（笑）。

斎藤　ああいう微妙なエンディングはアリでしょうね。

――長州はチャンピオンとして藤波を相手に2回防衛するんですね。そして8月に猪木抜きの蔵前があって、そのメインが長州vs藤波。

斎藤　そのとき、タイガーマスクは誰とやったんでしたっけ？

――寺西勇です。

斎藤　じゃあ、タイガーマスクの最後の日でもあったわけですね。

鹿島　この前、CSテレ朝の『ワールドプロレスリング・クラシック』で、ちょうどそのときの蔵前を放送していたんですけど、会場はびっくりするぐらいパンパンの超満員でしたよ。

――だから長州は「かませ犬発言」からわずか10カ月で、猪木抜きの蔵前を超満員にできるくらいになっていたってことですよね。

鹿島　その一方でのちのクーデター組がそれで自信を持っちゃったっていう説もあるんですよね。「猪木抜きでもいけるんじゃねえか」っていう。

斎藤　それは間違いないでしょうね。佐山聡はシリーズ終了後の8月10日に辞表を提出して、その同じ月にクーデター未遂事件が起こる。クーデター組には、やがてジャパンプロレスに行く人たちと、やがてUWFに行く人たちがいて、〝反・猪木派〟も3つぐらいに分かれていた。クーデターにはじつは藤波派というのもあって、結局、奥さんの実家で「そんなことをしちゃいけない」と諭されて思いとどまったというのが定説になっています。まあ、40年前の話ですが。

「〝雪の札幌事件〟での藤波さんの疎外感、虚脱感はもの凄くリアルだった。猪木さんが藤波さんには言わずに仕掛けたということです」（斎藤）

――だから翌年2月、雪の札幌事件での「こんな会社を辞めてやる！」っていうのはリアルな発言なんですよね。

鹿島　昔の本を読んだら、あの札幌大会は大塚直樹さん（元・新日本プロレス営業部長でのちのジャパンプロレス社長）の新日本プロレス興業主催の興行で、大塚さんが新日本から離れることが決定的だったから、猪木さんが「いいよ、もう」みたいな感じで仕掛けたという説もあるらしいですよ（笑）。

斎藤　大塚派の新日本プロレス興業が、全日本の興行を手がけた時点で、猪木さんが「もう二度と（大塚を）使うな」と絶縁宣言したことはよく知られているエピソードですね。

鹿島　それで大塚さんたちは「じゃあ、それなら」っていうことで、ジャパンプロレスを作って、維新軍をごっそり引き抜いて全日本に行くわけですよね。

斎藤　ただ、札幌大会に関しては、猪木さんにとってはイチ営業マンである大塚さんのためにあれほど大きなアングルを、それもテレビの生中継枠でやることはありえないと思うんです。藤波vs長州がややマンネリになりかけてきた時期だったので、何かまったく新しい展開を模索していたことはたしかなんです。それで、その日まで前座レスラーだった藤原喜明がいきなり長州を襲い、実際、藤原は翌週から全国ネットの『ワールドプロレスリング』の登場人物になった。

鹿島　「テロリスト」っていうキャラクターが一夜にしてできあがったわけですよね。頭突きしかやらないのがまたよかった。

——本当に頭突き以外は、両手で首を絞めるくらいしかやりませんでしたよね（笑）。

鹿島　さらに驚いたのは、頭突きしかやらない、技がない人だと思われていた藤原喜明が、その数カ月後にはUWFで関節技の鬼になっていたことですよ（笑）。これこそ大化けですよね。

斎藤　藤原喜明は、長く前座をやっていたけれど、その実力は誰もが認めるところで、キャスティングさえされれば主役グループを張れる人だったということですよね。

鹿島　1983年が長州の年なら、1984年は藤原の年でもあったかもしれないですね。

斎藤　「雪の札幌事件」で藤波さんがあれだけ激昂したことからわかるのは、猪木さんが〝あれ〟を藤波さんには言わずに仕掛けたということですよね。だから、あの場における藤波さんの表情から見てとれる疎外感、虚脱感はもの凄くリアルだった。

鹿島　藤波ドッキリですよね。なんか藤波さんは、いつもそういう目に遭ってしまう（笑）。

——「かませ犬発言」のときもまったく聞かされていなかったわけですもんね。

斎藤　でも猪木さんからすれば、「おまえに事前に言ったら、ああはならないだろう」という監督としての発想がある。

鹿島　「おまえのその生のリアクションがいいんだよ」と（笑）。

——長州力造反のとき、藤波さんが「まあまあ、落ち着けよ」みたいに対応していたら、革命戦士は誕生していないわけですもんね。藤波さんのじつは熱くなりやすい性格が、あのリアリティを生んだという。

鹿島　藤原テロリストのときなんかは、雪が舞う冬の札幌で裸のまま外に出ちゃうわけですからね。

斎藤　リングシューズにタイツ姿、つまり裸でそのままタクシーに乗っちゃうシーンは衝撃的だった。

——タクシーに乗り込む前、付き人の髙田延彦に腹いせのビンタを食らわせて。なぜか髙田がとばっちりを受けるという（笑）。

斎藤　「かませ犬事件」にしても「雪の札幌事件」にしても、その登場人物たちはいずれものちにスーパースターになっていった。そこは猪木さんの感性による絶妙なキャスティングがあったということでしょう。

——前田日明が第1回IWGPにヨーロッパ代表として凱旋帰国するっていうのも、いま考えれば絶妙ですよね。藤波、長州、坂口征二すら出ていないIWGPに前田が出たというのは、のちに超大物となる布石に確実になりましたからね。

鹿島　高松での猪木戦とか、のちに意味が出てくるという。

――で、凱旋帰国のポール・オンドーフ戦の1年後には、UWFのエースになっているわけだから、前田もまた早いんですよ。

鹿島　その直前の新日本シリーズから突然姿を消してザワザワするんですよね。

斎藤　あのとき、前田日明が突如〝蒸発〟するわけですけど、いきなりなんのコネもないニューヨークに現れて、MSGでタイトルマッチができるはずがない。常識的に考えればね。

鹿島　そうですね。しかも藤波さんが持っていたはずのWWFインター王座のタイトルマッチで、勝った前田さんの腰には「UWF」と書かれたベルトが巻かれるという(笑)。

斎藤　前田さんがシリーズを無断欠場したときの坂口副社長のコメントがよかったんです。「シリーズ開幕戦に前田が来ないという噂があった。今日ここ来ていないということは、噂は本当だったと考えるしかない」という公式見解だった。

鹿島　状況説明みたいな発表になってる(笑)。

斎藤　そしてユニバーサルの旗揚げシリーズには、当時はまだ新日本の若手だった髙田が「前田さんとの男と男の約束」との理由で出場して、最終戦の蔵前では前田と藤原が一騎打ちをやる。いま考えれば、藤原も髙田も新日本に許可なく他団体の試合にいきなり出場するわけがない。でもドラマとしては凄くワクワクするものがあった。猪木・新日本と馬場・全日本の2大メジャー体制のプロレス界に、本当に第3団体が出現したわけですから。

「1983年からいろんなものが始まった感がありますね。新日本の独走を止めるためにテリー・ファンクが引退するのも凄い」(鹿島)

――UWF蔵前大会のメインが前田vs藤原になるのは、藤原が「裏切り者の前田を俺が制裁する」というじつにプロレスらしいアングルでしたしね(笑)。

斎藤　だからユニバーサル旗揚げシリーズ最終戦までの前田、藤原、髙田の動きは、新日本が描いたシナリオというか、つまり猪木さんが描いたものだった。でも1シリーズで終了して新日本に再合流するはずだったUWFが独立路線で継続することを決め、前田さんはもう新日本に戻らず、藤原、髙田も本当に新日本を退団して移籍してきたことで、前田のシリーズ無断欠場も髙田の「前田さんとの男と男の約束」も結果的にすべてリアルな出来事になった。

——ちなみに、ボクが初めて新日本を生観戦したのは小学4年の3学期、UWFができる直前の1984年3月「ビッグファイト・シリーズ」足利大会だったんですけど。ポスターに載っていた前田もラッシャー木村も欠場で、猪木まで負傷欠場していてガッカリしたんですよ。でも、いま思うと前田とラッシャーはUWFに行くのが決まっていての〝謎の欠場〟で。

斎藤　ワンクッションを置くために、ラッシャー木村さんは単身カルガリーで試合をしていた。

——猪木さんの欠場は、UWFに行くかどうかの態度保留だったんだろうなと（笑）。

鹿島　移籍金をもらっちゃったみたいな（笑）。フジテレビに行くか、テレ朝に残るか。生々しいですね。

斎藤　でも猪木さんがUWF、フジテレビに行く可能性は現実的には限りなく0パーセントに近かったわけでしょ。思わせぶりをしちゃったような雰囲気だけで。

鹿島　うまくいけば、テレ朝とフジ、両方からお金を引っ張ろうみたいな（笑）。

斎藤　結局、裏で動いていた新間さんだけが置いていかれたというか、孤立してしまったような形になった。

——だからクーデター事件の余波でトンネル会社のようにできたUWFが、その後のプロレス界、格闘技界を大きく動かすことになるのが凄いですよね。

鹿島　あの化け具合は凄い。

斎藤　少し手前味噌になるかもしれませんが、そこには週プロの力もあったと思うんです。UWFはノーテレビだったので、週プロは地方の興行までシリーズ全大会を取材して毎週大きく載せていた。そうしたら馬場元子さんが「あんたが余計なことするからあんなのができちゃったじゃないの！」ってターザン山本さんに文句を言ってきた。もう心から不愉快みたいな感じで。

鹿島　UWFを〝あんなの〟呼ばわり（笑）。

——でも、それは元子さんも鋭いですよね。UWFができたことで、日本プロレス界の馬場－猪木支配体制が崩れていくわけですから。

斎藤　新しい団体を作ることが現実的なテーマになり、そのあと次々とインディーズができていく土壌ができた。

鹿島　しかも最初はそうなることが目的じゃなかったっていうのがおもしろいですよね。

——ちょっと前まで前座に出ていた藤原、前田、髙田がどんどん覚醒していって、ちょっと前までタイガーマスクだった佐山が「シューティング」という新しい概念を打ち出して、それがのちの総合格闘技になるという。

斎藤　そのとき、佐山さんはまだ26歳とかでしょ。前田さんはその1コ下だから25歳。もの凄い行動力です。

鹿島　いやー、凄い。若いですねえ。

——名勝負数え唄が始まったとき、長州が31歳、藤波が29歳とかですしね。

鹿島　そう考えると、1983年からいろんなものが始まった感がありますね。

斎藤　新日本ほどリングの内側と外側を同

時に揺り動かすような事件が起きたわけではないけれど、全日本もまた大きく変わる時機だった。いちばん大きな話題はテリー・ファンク引退でしたが、のちにテリー本人に聞いたら「このままでは新日本の独走を許してしまう。何かやらなければ全日本はもう危なかった」と話してくれたことがあった。事実、チャンピオン・カーニバル公式戦などの興行でも、2階席はガラガラ状態だった。そんな危機感の中で生まれた大企画がテリー・ファンクの引退ツアーだった。

鹿島　それが凄いですよね。新日本の独走を止めるために引退するっていう（笑）。

斎藤　身を挺してね。

「日テレは馬場さんを引退させて世代交代をはかりたかったのでしょう。でも馬場さんは『プロレスラーに引退はない』という価値観を説いた」（斎藤）

――当時の全日本で起こったことって、日本テレビの意向が強く働いているんですよね。

鹿島　テリー引退も『土曜トップスペシャル』の特番枠でしたもんね。

――だからハンセン引き抜きも、テリー引退も、日テレからかなりのお金が動いてるだろうなと（笑）。

鹿島　それも生々しい（笑）。

――日テレから出向で松根光雄さんが全日本の社長になり、馬場さんは会長に棚上げされ、マッチメーカーは佐藤昭雄に変わったり、馬場さんの立場が隅に追いやられつつあった時代でもあるんですよね。

斎藤　日テレとしては馬場さんを引退させて、世代交代をはかりたかったのでしょう。でも馬場さんは「プロレスラーに引退はない」とあくまでもプロレスの価値観を説いた。

――日テレ的な時系列で言うと、1980年に第1次長嶋茂雄政権が〝解任〟で終わって大騒動になり、さらに王貞治の現役引退があって、「ONが現役を退いているのになんでプロレスのほうは馬場がいつまで経ってもチャンピオンをやってるんだ、おかしいだろ」っていう空気になっていたんですよね。

鹿島　同じ日テレで放送するスポーツ番組として、プロ野球の巨人軍と全日本プロレスが比較対象になってしまったと。

――だから巨人が〝若大将〟原辰徳中心のチームに若返るのと同じように、全日本も〝若大将〟鶴田にエースを譲れ、という。

斎藤　たとえ馬場さんがメインから降格しても、ジャンボさんがすぐにエースというのは難しいのがプロレスなんだけど、日テレからすると「新日本に比べて、全日本はなんでこんなに人気がないんだ？」という思いがあったでしょう。

鹿島　だからこそ、テリー引退フィーバーで話題を作るしかなかったということですね。

――でも、ゆったりとした変化ですけど、全日本が変わっていった時代でもありましたよね。1983年は鶴龍コンビが本格スタートした年ですから。

斎藤　1983年の「最強タッグ」からで

すか。そのときに週プロの表紙にもなっていますね。ようやく天龍さんがメインイベンターになった時代。結局、ジャンボさんとコンビを組んだことによって番付が上がった。

――まだメインイベンターとして未熟だからこそ、天龍さんは〝受けの凄み〟で存在感を示してましたよね。1983年「最強タッグ」最終戦で、ハンセンにもの凄いウエスタン・ラリアットを喰らったり。

鹿島　あれは素晴らしかったですね！　ハンセンのラリアット予告からロープに振られて、ラリアットが決まった瞬間、倉持アナが「アイヤーッ！」って叫ぶという（笑）。

斎藤　1983年の年末はハンセン＆ブロディが「最強タッグ」で初優勝するわけですが、同じ年の春、ハンセン＆ブロディは「世界最強タッグ決定リーグ戦リマッチ」という別ワクのリーグ戦でも優勝しましたね。

鹿島　ありましたね～、リマッチシリーズ。春に最強タッグ上位チームだけでもう1回リーグ戦をやるっていう。

――あれは1982年の「最強タッグ」に初出場したハンセン＆ブロディが、間違いなく自分たちの優勝だと思っていたのに、最終戦に反則負けでザ・ファンクス優勝になったんで、「ふざけんな！」とリアルにリマッチを要求。翌1983年春にファンクス、馬場＆鶴田と三つ巴リーグ戦をやって、ぶっちぎりで優勝するっていう。

鹿島　だから全日本の1983年はテリーが引退した年であり、ハンセン＆ブロディがもっとも活躍した年でもあったわけですね。

斎藤　馬場さんから鶴田＆天龍にエース交代していくの同じタイミングで、外国人の世代交代も進めたということでしょう。この年は、ジャンボさんがブロディを破ってインターナショナルヘビー級王座を奪取した年でもあった。

――テリー・ファンク引退試合があった日に、鶴田がインター初戴冠するんですよね。

斎藤　でもフォール勝ちではないんですよね。

鹿島　場外乱闘からジャンボがカウント10ギリギリで滑り込んでリングアウト勝ちですよね。

斎藤　でも、あのときはリングアウト勝ちでも大騒ぎだった。

鹿島　凄い盛り上がりでしたよね。

――同じリングアウト勝ちでも翌1984年の第2回IWGPでの猪木がホーガンにリングアウト勝ちとはえらい違いという（笑）。

鹿島　あっちは同じ蔵前で暴動が起きてますから（笑）。

斎藤　あのときは、猪木さんとホーガンが2度両者リングアウトになって、再々延長戦にもつれこんだにも関わらず、なぜか長州力とマサ斎藤が乱入して、何がなんだからわからないうちに猪木さんがリングアウト勝ちという結末だった。

「ＩＷＧＰ決勝で乱入した夜に長州はやけ酒を飲んで荒れた。１９８４年から１９８７年の３年間で大暴動３回は逆に凄すぎます」（鹿島）

鹿島　第１回ＩＷＧＰ決勝の猪木舌出し失神事件も謎ですけど、第２回ＩＷＧＰ決勝も謎ですよね。「今年こそは猪木がホーガンを破って優勝してほしい」って、みんなが１年待っていたわけじゃないですか。それがなぜ、あんな変な結末になったのか。ホーガンがビッグになりすぎちゃったということですか？

斎藤　それもひとつの理由としてあるでしょう。１９８４年１月の時点でアメリカじゃホーガンはすでにＷＷＦ世界王者になっていたので、１年前とは政治的状況がかなり変わっていた。

鹿島　だから簡単には負けられなくなったってことですよね。

斎藤　そういうことでしょうね。また、このあたりから猪木さんの仕掛けや計算がちょっとずつ狂い始めた時期でもあった。大量離脱事件のあとにマシン軍団が登場して、それから海賊男、たけしプロレス軍団とベイダー出現で２度も観客による暴動騒ぎが起きてしまった。

鹿島　１９８４年から１９８７年の３年間で大暴動３回って、逆に凄すぎますね（笑）。

——あの長州乱入は、長州をビッグヒールとして再度売り出すつもりだったという説もありますよね。猪木vsラッシャー木村が完全決着したあと、木村がヘアカットマッチで負けたのに髪を切らず、逆に場外戦で猪木の髪を切るという汚いことをして、それが猪木vs国際軍団の１vs３マッチの盛り上がりにつながったと同じように。１９８４年４月の正規軍vs維新軍の５vs５マッチで、猪木の卍固めの前にレフェリーストップ負けを喫した長州を、さらなるビッグヒールとして再生するため、大事なＩＷＧＰ決勝をぶち壊させたという。

鹿島　あの第２回ＩＷＧＰ決勝で乱入した夜、長州はやけ酒を飲んで大荒れしたって話ですよね。

斎藤　でも長州が乱入して猪木とホーガン両方に襲いかかる理由がないから、あまり辻褄が合わないんですよ。

鹿島　猪木を襲ってホーガンがリングアウト勝ちならわかるけど、長州が結果的に猪木のアシストをしちゃってるという。

——だから「猪木！　今度は試合をぶち壊した長州を倒せ！」っていう流れになるはずが「こんな形で猪木の優勝なんてふざけんな！」っていうことになって。長州に憎悪を向けるはずが、優勝した猪木に憎悪が向いちゃってるんですよね。

斎藤　結局、誰にも得にならない展開になってしまった。そのへんにこの時代の猪木さんの読み誤りがあって、だんだんといろいろな計算が狂っていったということなのだと思います。おそらく両者リングアウトを２回やって、再々試合までやったんだから、不透明決着での優勝であってもお客さんは納得すると想定していたのかもしれない。

——形はどうあれ、「猪木優勝」だからハッピーエンドだろうと。

斎藤　当時、プロレスブームで何をやっても盛り上がっていたので、新日本もどこか強引というか、傲慢になっていた部分はあったのでしょう。無理やりな展開でもお客は納得するよと猪木マジックを過信していたのかもしれない。

鹿島　猪木さん自身、計算にズレが生じ始めて読めなくなってきた時代だったんですね。

――そう考えると1983〜1984年というのは、全日本は馬場さんが日テレの意向で鶴龍にエースを禅譲する形となり、新日本は猪木さんの第1回、第2回IWGPでの読み違いで神通力を失っていって、それぞれ違った理由で時代が大きく動いていった時期と言えますよね。

斎藤　それと同時に大量離脱や移籍、新団体設立など、事件が次々と起こるようになっていった。1983年というのは『週刊プロレス』が創刊され、それまで月刊ペースで作られていたプロレス雑誌が週刊のサイクルになりましたが、あれが月刊誌のままだったらニュースを追いきれなかったでしょう。

鹿島　タイガーマスク引退やクーデター未遂事件の前後なんて、本当に刻一刻と状況が変わっていたわけですもんね。

斎藤　だから週刊化というのは必然だったのかもしれない。

――世の中的にもコンビニが爆発的に増え始めて、雑誌は本屋ではなくコンビニで買うものになっていった時期でもありますもんね。

鹿島　そっか。それとも比例してるんですね。

――『月刊プロレス』や『月刊ゴング』のままだったらコンビニには置かれず、本屋のスポーツコーナーのままだったでしょう。だから週プロの創刊時の判型はコンビニ用ですもんね。

斎藤　AB判特別みたいなね。判の名前がなかった。特殊サイズというか。

――『フォーカス』『フライデー』といった当時一世を風靡した写真週刊誌と同じ判型で。

鹿島　まさに世の中的にも週刊誌の時代だったわけですね。

斎藤　写真週刊誌も5誌くらいあったけど、プロレス週刊誌も一時期乱立したんです。『週刊ゴング』だけじゃなく、東スポの『週刊ザ・プロレス』、『ビッグレスラー』も週刊化して、『週刊ファイト』も当然あって。

――プロレス雑誌が月刊サイクルから週刊サイクルに変わって、プロレスの平和な時代が終わった感じもありましたね。それは月刊のプロレス雑誌で外国人レスラーのグラビアを眺めて、「次のシリーズの外国人レスラーは誰が来るのかな？」みたいな感じで楽しんでいた、ある種のんきな時代が終わって、離脱、移籍といった凄く現実的なニュースを追う時代になっていった。

斎藤　ゴングの竹内宏介さんは、最後の最後まで週刊化には反対だったといわれています。週刊化するとどうしても現実的な

ニュースを追わなければいけなくなり、ゴングが長年築いてきたプロレスの夢の世界、ファンタジー・ワールドが壊れてしまう、という発想だったのでしょう。

――それまでミル・マスカラスの何十種類のマスクを掲載したり、フライングクロスチョップの連続写真とかで楽しませていたのに、週刊化したら「大塚直樹社長が仁義なき引き抜き」みたいな記事になるわけですからね（笑）。

鹿島　ミル・マスカラスから大塚直樹って、違いすぎますよ！（笑）。

斎藤　だから１９８３年という年は、プロレス界にとってもプロレスマスコミにとっても、そしてプロレスファンにとっても大転換の年だったということでしょう。

鹿島　『週刊プロレス』創刊こそが、プロレス史的にも真の「重大発表」だったってことですね。

斎藤文彦
1962年1月1日生まれ、東京都杉並区出身。プロレスライター、コラムニスト、大学講師。アメリカミネソタ州オーガズバーグ大学教養学部卒、早稲田大学大学院スポーツ科学学術院スポーツ科学研究科修士課程修了、筑波大学大学院人間総合科学研究科体育科学専攻博士後期課程満期。プロレスラーの海外武者修行に憧れ17歳で渡米して1981年より取材活動をスタート。『週刊プロレス』では創刊時から執筆。近著に『プロレス入門』『プロレス入門II』（いずれもビジネス社）、『フミ・サイトーのアメリカン・プロレス講座』（電波社）、『昭和プロレス正史 上下巻』（イースト・プレス）などがある。

プチ鹿島
1970年5月23日生まれ、長野県千曲市出身。お笑い芸人、コラムニスト。大阪芸術大学卒業後、芸人活動を開始。時事ネタと見立てを得意とする芸風で、新聞、雑誌などを多数寄稿する。TBSラジオ『東京ポッド許可局』『荒川強啓 デイ・キャッチ！』出演、テレビ朝日系『サンデーステーション』にレギュラー出演中。著書に『うそ社説』『うそ社説2』（いずれもボイジャー）、『教養としてのプロレス』（双葉文庫）、『芸人式新聞の読み方』（幻冬舎）、『プロレスを見れば世の中がわかる』（宝島社）などがある。本誌でも人気コラム『俺の人生にも、一度くらい幸せなコラムがあってもいい。』を連載中。

KAMINODE ETERNAL COOLNESS

浜崎朱加

[総合格闘家]

永遠に最強の人などいない。
新しい風はかならず吹く。
だがオリジナルのカッコよさを
保ち続ける真の強者は存在する。

「人に元気を
与えたいとかそんな
大それたことは考えてなくて、
ただ単に試合を
しているだけの私に
託してくれている人がいる。
私が負けることで
その人たちがショックを
受けているのを見るのが
キツいんです」

収録日：2023 年 8 月 14 日
撮影：保高幸子
聞き手：井上崇宏

「高校で柔道を始めてから髪を短くしたんですよ。その頃からよく男の子に間違えられていました」

——いきなりですけど浜崎さん。ボクは今年に入って本気でショックだった出来事がふたつほどありまして……。

浜崎　いきなり？　私に関することで？　なんでしょう？

——まず、とある夜、所用で浜崎さんと恵比寿でお会いしましたよね？

浜崎　はい、はい。打ち合わせでね。

——それで用事が終わって、浜崎さんを駅のほうまでお送りする道すがら、ボクの記憶では3回。

浜崎　ひょっとして〝アレ〟のことですか？（笑）。いや、2回じゃなかったでしたっけ？

——3回です。3カ所で「お兄さんたち！　もう1軒キャバクラいかがっスか？」って声をかけられたんですよ……。

浜崎　アハハハハ！　そうでしたね（笑）。

——笑ってる場合じゃないですよ、マジで（笑）。そのときボクは「えっ、コイツは何を言ってるんだ？　我々は男性と女性だよ？」と瞬間的に頭の中で思うわけじゃないですか。そうしたら次の瞬間、浜崎さんが軽いトーンで「女で〜す」って3回ともまったく同じ返しで対応していたんですよ（笑）。

浜崎　まあまあ、そうでしたね（笑）。

——浜崎さんのことを男と見間違えたキャッチの男と、それに対して何ら動揺することのない浜崎さん。そこまでがセットで衝撃的で「俺はいま、何を見ているんだ？」となりまして。これってボクの感覚がおかしいんですか？

浜崎　まあ、私もおかしいのかもしれないですけど、もうそれが日常なんで（笑）。だってパッと見、「えっ、どっち？」って感じじゃないですか。

——えっ、まったく男には見えないですよ。

浜崎　そりゃ井上さんはわかっているからそうならないってだけで。

——「この人は浜崎朱加という女子ファイターです」ということがわかっているからですか？

浜崎　そうそう。でも髪も短いし、なんなら肩幅も凄いし、こんな服装だし。だからちょっと小柄な男子みたいな感じに見えるんだろうなっていうのは自覚していて。

——っていうふうに普段から見られているんですか？

浜崎　だってウチの最寄り駅だと、もっと強引でヤバいですよ。キャッチの人とかじゃなくて女性から「オニイサン、オニイサン！」ってこともあるし（笑）。

——プロの立ち技の方からも（笑）。

浜崎　もうそういうときはだいたいシカトして早足で逃げるけど、あまりに強引な人だと腕を引っ張られるからね。だから「いや、女だから」って言うんだけど、「ウソだ〜！」って驚かれるっていう（笑）。

——えっ、そういうエピソードって浜崎さん的にはちょっと笑けておしまいみたいな感じなんですか？

浜崎　いや、慣れたんですよ。最初は男と間違えられるとちょっと「えっ？」って思ったけど。

——煽りVとかで映る幼少期の頃の写真とかを見ると、完全に女の子じゃないですか。

浜崎　まあ、髪が長いですからね。

——とてもかわいらしい女の子ですよ。そして中学時代も吹奏楽部でトロンボーンを吹いていた、いたって普通の女の子。

浜崎　まあ、セーラー服だったしね（笑）。

——そして高校からは本格的に柔道を始め。

浜崎　だから高校で柔道を始めてから髪を短くしたんですよね。なんか髪を結んでいたらできないというか、できなくはないんですけど、当時は「試合中に髪を結び直したら指導」とかっていうルールがあったんですよ。いまもあるかどうかは知らないですけど。それで「じゃあ、もう短くていいじゃん」みたいになって。その頃からよく男の子に間違えられていましたよ。

「本音としては『私はそんな、みんなが思っているような人じゃないのにな』って思う。めちゃくちゃだらしないし」

——じゃあ、高校からなんですね。

浜崎　いや、中学のときもわりとショートだったので、すでにちょっと間違われていたと思う。やっぱ髪型じゃないですか？　でも髪が短くても間違われない人ばかりか（笑）。だから短い髪とこのガタイじゃないですか。

——その合わせ技一本ですか。でも中学の頃はべつにガタイはよくなかったでしょ？

浜崎　まあ、そっか。むしろガリガリだったし。でも子どものときってみんな身体もまだできていないですし、一瞬どっちかわからない中性的な子がいっぱいいるから「べつに」じゃないですか。だから男と間違えられるのは大人になってからのほうが嫌ですよね。でもマジでいまはどうでもよくて、本当に間違えられてもなんとも思わないです。

——なんかボクだけショックを受けていて、恥ずかしいじゃないですか（笑）。

浜崎　あともうひとつ、ショックだったことってなんですか？

——もうひとつは、これも私にとってはあまりにもショッキ

KAMINOGE vol.141

定期購読のご案内！

より早く、より便利に、そしてお得にみなさんのお手元に本書を届けるべく「定期購読」のお申し込みを受け付けております。

発売日より数日早く、税込送料無料でお安くお届けします。ぜひご利用ください。

●購読料は毎月 1,120 円（税込・送料無料）でお安くなっております。
●毎月５日前後予定の発売日よりも数日早くお届けします。
●お届けが途切れないよう自動継続システムになります。

お申し込み方法

※初回決済を 25 日までに、右の QR コードを読み込むか、「http://urx3.nu/WILK」にアクセスして決済してください。
以後毎月自動決済を、初月に決済した日に繰り返し実行いたします。
【例】発売日が 10/5 の場合、決済締め切りは 9/25 になります。

※セキュリティ設定等によりメールが正しく届かないことがありますので、決済会社（@robotpayment.co.jp）からのメールが受信できるように設定をしてください。

※毎月 25 日に決済の確認が取れている方から順次発送させていただきます。（26 日～ 28 日出荷）

※カードのエラーなどにより、毎月 25 日までに決済確認の取れない月は発送されません。カード会社へご確認ください。

未配達、発送先変更などについて

※ホームページのお問い合わせより「タイトル」「お名前」「決済番号（決済時のメールに記載）」を明記の上、送信をお願いします。
返信はメールで差し上げておりますため、最新のメールアドレスをご登録いただきますようお願いします。

また、セキュリティ設定等によりメールが正しく届かないことがありますので、「@genbun-sha.co.jp」からのメールが受信できるように設定をしてください。

株式会社　玄文社
［本社］　〒108-0074　東京都港区高輪 4-8-11-306
［事業所］東京都新宿区水道町 2-15 新灯ビル 3F
TEL 03-5206-4010　FAX03-5206-4011
http://genbun-sha.co.jp　info@genbun-sha.co.jp

KAMINOGE

ングな出来事で……。

浜崎　ショック受けすぎだろ（笑）。

――6月に新宿の伊勢丹で浜崎さんのサイン会をやったじゃないですか。

浜崎　やりましたね。

――あのときにたくさんの浜崎ファンの方たちがお越しになって。

浜崎　ね。超楽しかったですよ。

――ボクもいい歳だから、これまでいくつかのお葬式に参列した経験があります。でも、あそこまでたくさんの人が泣き崩れている姿を見たことは、過去のどの葬式でもない。

浜崎　あれねえ。っていうか、私の場合はサイン会だし（笑）。

――あれはもう浜崎朱加の生前葬ですよ（笑）。マジであの日は浜崎さんも、ファンの人たちが自分のことをこんなにも想ってくれているんだってことを思い知ったと思うんですよ。

浜崎　まあ、そうですね。でもそれって私だけなんですかね？　ほかの選手のファンの人も本人を目の前にしたらそうなるんじゃないですか？

――いや、絶対にあそこまではないです。浜崎さんのファンって女性のほうが多い印象ですけど、あの日来たほとんどの女性が浜崎さんの前で泣いていたじゃないですか。なかにはしゃべれなくなって一言も言葉を発さないまま帰った人もいて。

浜崎　そうですね。もっと話したかったですよ。

――でも、その人は「もう無理です。外に出ます」みたいな感じでしたよね。

浜崎　こっちはもう1回会いたいよ。だから、あのイベントはマジでやってよかったなって思っています。

――あのファンの方たちは普段、浜崎さんからいったい何を受けとっているんですかね？　考えてみると、浜崎さんが表で見せている部分というのはほぼ試合をしている姿だけですよね。試合前だって特に相手を煽ったりすることもないし、「試合が決まりました。がんばります」くらいのもんじゃないですか。だから浜崎さんの姿を見ただけで泣いちゃう人たちっていうのは、格闘家・浜崎朱加が闘っている姿から何かを感じとって、熱狂的なファンとなっているわけですよね。

浜崎　うーん。そうなんですかね？　自分ではわからないですよ。

――試合以外で、何か心当たりはあります？

浜崎　いや、どうなんだろ。SNSとかにもほぼ犬の写真しか載せてないですし。あのー、これは載せても載せなくてもどっちでもいいんですけど、本音としては「私はそんな、みんなが思っているような人じゃないのにな」って思う。

――それはボクもそう思うんですよ（笑）。

浜崎　そうでしょ？（笑）。私はマジでちゃらんぽらんだし、普段はめちゃくちゃだらしないし。

「もともと有名になりたいという欲はなかったんですよ。でも最近、影響力を持ちたいなと思うことはある」

——だけどボクもあのサイン会の現場にいて、ひょっとして自分のその認識は間違っているのかな？と思い始めているんですよ。「もしかして浜崎朱加のことを見誤っているのかもしれないぞ」と。

浜崎　男だと間違えてました？

——そうじゃなくて（笑）。あのファンの人たちは、おそらく浜崎さんのことを人格者だというような目で見ている。

浜崎　うん。と思ってると思う。全然違うのに。

——前にアミバさんも言っていたじゃないですか。いつも浜崎さんと一緒にいるとき、街でファンの人から「浜崎さんにいつも勇気をもらってます！」と声をかけられると。「あれがいつも不思議なんだよなぁ。コイツが人に勇気を与えたことってあります？　なんか記憶にあります？」って（笑）。

浜崎　アイツは私のネガキャンばっかするからな（笑）。

——だから、じつは浜崎朱加の本質っていうのは、もっと離れた距離から見ている人たちのほうが正確に捉えているんじゃないかって。

浜崎　たしかにＲＩＺＩＮってあんなに大きな舞台じゃないですか？　そこで私は人に元気を与えたいとかそんな大それたことは考えていなくて、ただ単に試合をしているだけなんですけど。でも、あのサイン会のときに自分が想像していた以上の気持ちを持って私のことを見てくれている、応援してくれている人がたくさんいるんだなって凄く感じたし、そのことに正直驚いたし、だから逆に私が「もっとがんばろ」って思った。超うれしかったし、気合いも入りました。

——一組、新婚のご夫婦もいらっしゃっていて、生後８カ月くらいの小さな娘さんを連れてこられていましたよね。それで「このコに〝朱加〟と名づけました」と。

浜崎　私、マジでがんばんないとな……。まさか漢字まで一緒だとは思わなかったし（笑）。あのコ、元気にすくすくと育ってくれたらいいな。

——もう元気しかないですよ。元気が取り柄ですよ（笑）。

浜崎　じゃあ、いい。元気ならいい。ガンガン元気に育ってほしい（笑）。

——浜崎さんはＲＩＺＩＮというイベントができるずっと前から格闘技をやっていて、Ｉｎｖｉｃｔａで世界王者にもなった人で。でも、いまのような日本の格闘技界の未来って、ぶっちゃけ想像することもできなかった世代ですよね？

浜崎　そうですね。私は１００パーではないですけど、ほぼ格闘技一本でちゃんとご飯が食べられていて、でも昔はそういう選手というのはほんの一握りでしたからね。それがいまは下の選手のコとかもスポンサーさんとかのおかげで格闘技で生活することができていたりするから、こんな時代が来るというのはやっぱり想像できていなかったでしょうね。

――こんなに格闘技に専念できる環境ができあがるとは。

浜崎　ありえなかったんで。みんな普通に仕事をして、その合間に練習してっていうのが当たり前だったんで。だから、いまってバブルといえばバブルですよね。

――浜崎さんがＲＩＺＩＮに登場してから5年くらいですかね。ＲＩＺＩＮ自体も旗揚げ以来、手を変え品を変えで、凄くその世界観も変わってきていますけど。

浜崎　たしかに初期の頃と比べたら全然違いますよね。

――そこで浜崎さんのことを見ている数も、認識している数も桁違いに増えたことは間違いないですよね。それについてはどう思っているんですか？

浜崎　でも私は有名になりたいとかって欲はもともとなかったんですよ。いまもべつにそんなに思わないんですけど、何かを発信するときにやっぱり影響力って必要だなとは思っています。たとえば格闘技と全然関係ないですけど、動物が大好きだから保護犬活動をするにしても、やっぱり有名人が発信したほうが拡散力があるだろうし。そういうことは最近になって思う。だから「有名になりたい」っていうよりかは「影響力を持ちたいな」とは思うことがある。何かメッセージを届けたいってときに「で、誰？」っていう人よりは知っている人がやってるほうがいいじゃないですか（笑）。

――最近はファイターにしても、自己プロデュース能力が高いヤツ、何か話題性のあるヤツ、自分から話題を発信するヤツ、バンバンＳＮＳを駆使してアピールしてるヤツっていうタイプがたくさんいて、そういう人たちが目立っている時代ですよね。もちろんそこには格闘家としての強さが絶対になきゃダメですけど、浜崎さんの場合はもともとその強さは手に入れている。じゃあ、それ以外の面でも力をつけなきゃなっていうのはないですか？　もしくは力をつけておけばよかったなとか。

浜崎　たしかにいまはＳＮＳがほぼ全部って言っていいくらい重要じゃないですか。どれだけフォロワーがいるか、そこでどれだけ目立つかみたいな。

「チャンスがあればパクちゃんとはもう1回やりたい。ケガせずに最後までやりたかったなっていうのはあります」

――完全にプロとしての闘い方が変わってきたというか。でも浜崎さんはそこの闘いがいちばん苦手とじゃないですか。

浜崎　いや、SNSとかを使ってなんかやるのがめんどくさいだけ（笑）。だから平本（蓮）くんとかは凄いなと思ってる。

——ある意味で。

浜崎　私には絶対に無理だからある意味で尊敬する。ツイッター（X）とかを見てると凄いなと思う。べつに平本くんのアカウントをフォローしてはいないけど、次々と流れてくるじゃないですか（笑）。どんどん目に入ってきちゃいますもん。

——あれだけ手数が多いとフォローもしていないのに目に入ってくる（笑）。っていうのは相当な発信力ですよね。

浜崎　だから多くの人たちから「試合を観たい」って思われているんだろうし。

——勝つところも負けるところも含めて観たいっていう人の数は多いでしょうね。

浜崎　あれは凄いですよね。

——でも浜崎さんに限らず、女子ってそこの闘いはあまりやらないですよね。

浜崎　たしかに。でもキックの選手は女子もけっこうやってますよね？　よく煽り合ってるイメージがあるというか、ディスり合ってたりとかしているのを目にすることがある。で、総合の女子はほとんどやらないですよね。やったほうがたしかに「うわっ、おもしれー！」って盛り上がるんだろうなとは思う。きっとそれってプロレスの影響ですよね？

——モハメド・アリもドナルド・トランプも、アジテーションを得意とする男たちはみんなプロレスから影響を受けています（笑）。

浜崎　でも私も（浅倉）カンナと2回目にやったとき、試合前にけっこう煽りましたよね。でも、それは私なりに煽ったってだけで、いま流行っているアウトロー系の人たちと比べたら、なんてことのないレベルだから（笑）。

——本当にひさしぶりの浜崎インタビューなんですけど、ここ4戦は伊澤星花選手に2連敗して、その後ジェシカ・アギラー選手に完勝するも、パク・シウ戦で腕を折って判定負け。いまはそのケガからの復帰を待っている状態ですけど、どうやらRIZINのスーパーアトム級っていうのも1周した感がありますよね。

浜崎　たしかに。

——だからRIZINとしてもスーパーアトム級のカードがなかなか組みづらいという状況だと思うんです。まあ、チャンピオンの防衛戦は定期的にやっていくんでしょうけど。

浜崎　たしかに1周した感は私も感じていて、「今後どうするんだろう？」っていう。防衛戦にしたって相手も誰でもいいわけじゃないだろうし、同じ選手と何回もやるわけにもい

かないだろうから、ここからまた新しく強い日本人でも出てこないと難しいだろうなとは思っています。マジでどうなるんですかね？

――これは浜崎さん自身にも降りかかってくる問題ですもんね。

浜崎　たしかに「私の次の相手は誰？」って感じですもん。でもパクちゃんとはもう1回やりたいな。なんとなくそう思っています。

――やっぱりケガさえしなきゃいけたよなっていうのは正直あります？

浜崎　まあ、試合中に左腕を折られた時点で負けなんですけど、ケガせずに最後までやりたかったなっていうのはありますよね。

――ケガしても最後までやったくらいですからね（笑）。

浜崎　たしかに（笑）。折れたのが左腕の尺骨なのに左腕自体が上がらなかったから不思議だなと思って。片方の腕が上がらないからガードができなくてストレートをもらいまくっていたじゃないですか。それで何回かクラッとして。あとたし。「アドレナリンが出ているはずなのに全然痛いぞ？」と思ったし。チャンスがあればパクちゃんとはもう1回やりたいですね。

――これまでの順風満帆と言ってもいい浜崎さんのファイターとしてキャリア。そこに伊澤出現、ベルトを獲られる、ちょっと気合いを入れ直すかってときにパク戦で腕を骨折。この一連の流れに関して何か思うところはあります？

浜崎　うーん。たまたまじゃないですか？

――たまたま。

浜崎　たまたま。パクちゃんのミドル（キック）の受け方も悪かったし。だって、ああやって受けたら折れるって誰も教えてくれなかったもんな（笑）。でも、あとからある人に言われました。「あんな受け方をしたらダメだよ。そりゃ折れるよ」って。要は自分から腕を出していったから、それがカウンター気味になったっていう。尺骨って凄く細い骨だからタイミングと角度で折れやすいみたいなんですよ。このあいだも同じジムのコが練習で同じ折れ方をしていましたけど。

――学ばないジムだなあ（笑）。

浜崎　やめなさい（笑）。

「チャンスがあればパクちゃんとはもう1回やりたい。ケガせずに最後までやりたかったなっていうのはあります」

――でも、これだけ格闘技をやっていると「まあ、こんなときもあるよな」っていうのはありますよね？「こんなの、みんな蹴散らしますよ」って言いながら蹴散らしてきて、それを何年もやっていたら、いつかその風景も徐々に変わっていく。

浜崎　まあ、そうですね。

——でも浜崎さんにしてみれば、ずっと蹴散らし続けてやろうと思ってるわけじゃないですか。向こう10年くらいは（笑）。

浜崎　そうですね（笑）。

——そこはちょっと予定が狂ってきています？

浜崎　いや、狂ってはいないかな。人ってずっと最強なわけではないじゃないですか。絶対に新しい風も吹くだろうし。

——でも浜崎さんはそのことにずっと気づかない人だと思っていましたよ。

浜崎　でも1回負けてから「あっ、強えな」と思った。

——それは伊澤選手のことですか？

浜崎　うん。それで「これは気合いを入れ直さなきゃな、ちゃんとしなきゃな」って。

——そうして、ちゃんとピリッとして臨んだのが3カ月半後のタイトルマッチですよね。

浜崎　でも間隔が短かったですね。じつはもっと短いスパンで試合のオファーが来ていたんですよ。

——そのひとつ前の大会でタイトルマッチをやろうという話もあったんですよね。

浜崎　そう。でもそのときはケガもしていたし、そもそも間隔も短すぎたんで断ったんですよ。それで2回目が決まったときも間隔が短いなと思ったんだけど、「もう、いいや」と思って。

——「一度負けた立場だから、ここは受けなきゃ」みたいな？

浜崎　そうそう。そこでも「もうちょっと待って」なんて言ってたら、あっちも「えっ、なんで？」ってなるじゃないですか。

——負けず嫌いだから、「なんで？」って思われたくもないっていう。

浜崎　だから私は一発目で負けた時点で「ベルトもやるよ！」くらいの気持ちだったんですけど、結局、あの日はノンタイトルだったから。

——試合後、ベルトを返上したがってましたもんね。

浜崎　したかったですね。「私、負けたんだからチャンピオンじゃねえじゃん」ってシンプルに思った。でも2回目のときはマジで私に託してくれていた人が多すぎて。「マジでやってくれ」「次は絶対に勝ってくれる」って信じてくれていた人がたくさんいたんですよ。

——それくらい、やっぱり1回目が衝撃的な負け方だったから。

浜崎　最初にやったときは私もナメてはいなかったけど、油断していた部分が凄くあったので、心のどっかで隙があって。それで2回目は万全で挑んであれだったんですけど、「2回目は絶対に勝ってくれる！」と思っていたファンの人がマジでめっちゃ多かったんで、自分が負けたことよりもそのショックを受けていた人たちを見るのがつらかったですね。めっちゃキツかったです。格闘技をやっていて初めてキツかった。

——みんなを悲しませてしまった、期待に応えられなくてごめんなさいと。

浜崎　本当にそれしかなかったです。

——要するに無感情だったファイティングマシーンが、いつしか感情を持ち始めたっていう。

浜崎　言い方よ（笑）。

——だって前から言ってますもんね。ずっと自分のため、自分が勝つためだけに試合をやっていて、応援なんて必要ないと思っていたと。それがＲＩＺＩＮに出てからはファンの声援が本気でうれしいと感じるようになったと。

浜崎　それはマジでそうなんですよね。

——その気持ちがどんどん増している感じですよね。

浜崎　そうですね。負けてからがもっと感じるかな。負けてもまだ応援してくれている人がいるし、うれしいですよね。

「気持ちがそのときどきで変わるから あんまり憶えていないんですけど、『辞める』という選択肢も頭の中にあったとは思う」

——で、浜崎さん。そろそろですか？

浜崎　やっとケガも癒えてきましたね。だから試合をやりたいんですけど、どっかで出してもらえないかな？

——いこうと思えば、年内でもいける状態ですか？

浜崎　いつでもできます。

——おー。直近でＲＩＺＩＮは3つあるじゃないですか。9月さいたま、10月名古屋、そして11月アゼルバイジャン。

浜崎　急に遠いのが入ってきた（笑）。

——言ってもボクも浜崎ファンのひとりです。さいたまでも名古屋でもどっちでもいいから復帰戦が観たい。もしくはちょっと遠いけどアゼルバイジャンで観たい（笑）。じつは11月にアゼルバイジャン大会をやることが発表されたときにピンときたんですよね。1周してしまった感のある国内のスーパーアトム級、そこで浜崎朱加がしれっと復帰を果たすのではなく、いったん景色というか空気を変える意味でも外国で復帰するというのは非常にいいんじゃないかと。相手は現地の名もなき強いヤツとかで。

浜崎　いっちゃん怖いヤツね。

——海外でいっちゃん怖いヤツとやるっていうのが、いっちゃん浜崎朱加らしくていいかなと思ったんですよね。だから「アゼルバイジャン、いいんじゃない？」って。

浜崎　言っていることはわかります。おもしろそうですよね。私もそのへんの知っている日本人とやるよりかはそっちのほうがワクワクしますもん。

——やっぱり、それでこそ〝世界の浜崎〟ですから。まあ、名古屋で日本人相手に復帰となっても黙って観るんですけど（笑）。もう、これからも全然やってやるぞって感じですか？

浜崎　いや、それはもう。

——何も考えていないですよね？（笑）。

浜崎　そう（笑）。何も考えていないけど、正直終わりは近いんだろうなとは思う。

——本当ですか？

浜崎　うん。

——伊澤選手に2回負けたとき、これはボクだけじゃないと思うんですけど、「あっ、もしかしてこれで辞めるのかな？」っていう予感はあったんですよ。あのとき進退に関しては、本人的にはどんな心境だったんですか？

浜崎　どうだったかな？　私も気持ちがそのときどきでコロコロ変わるからあんまり憶えていないんですけど、「辞める」という選択肢も頭の中にあったとは思う。あっ、思い出した！　1回目はそれをちょっと思ったけど、2回目のときはむしろ自分のなかでのびしろを感じたんですよ。

——試合を終えてみて。

浜崎　試合中も。できないこともいっぱいあるけど、できたこともけっこうあったから。だから2回目のときは「これで辞める」という選択肢はなかったかも。

「私が誰かのファンになるときがあるとしたらカッコよさから入ると思う。見た目じゃなくてファイトスタイルとか発言も含めたカッコよさ」

——たしかにタイトルマッチで負けたあとは、ちょっと晴れ晴れとした表情をしていましたもんね。

浜崎　うん。そのときは「まだまだ強くなれるな」と思っていた顔（笑）。

——なんか浜崎さんに関しては、こうして本人に聞いてみないとわからないことだらけですよね。いつも何を考えているのかわからないし、感情の起伏も表に出さないじゃないですか。

浜崎　たしかにそうですね。これはちょっとファンミとかしたほうがいいかもですね。

——あー、やったらいいじゃないですか。

浜崎　自分でやるのもあれだから、誰か仕切ってくれないかな（笑）。あっ、いまファンクラブをやってるからそこでやろうかな？

――それで第1回は、ファンのみんなに「ねえ、私のどこが好きなの？」って聞きまくるっていう（笑）。

浜崎　それは超恥ずかしいですね（笑）。

――でも、浜崎さんもそこを知りたいでしょ？

浜崎　さっき言われて「たしかに」と思った。そこまで客観的に見たことがなかったんで。じゃあ、井上さんの場合だと好きな人は誰？　中邑真輔？　アントニオ猪木？

――じゃあ、たとえば猪木さんだとして。

浜崎　猪木さんのどこが好きだったんですか？

――えっ？　うーん（笑）。

浜崎　だからこの質問って、ちょっと難しいですよね？

――たぶんですけど、ボクはアントニオ猪木の好きなところが100個くらいあるからすぐに言えないし、その100個あるなかのいちばんはこれだっていうのがパッと答えられないんですよ。だから「えっ、純粋にカッコいいじゃん」みたいな答えになっちゃうかも（笑）。

浜崎　私は格闘家でファンだと思う人はいないんですけど、たとえば誰かのファンになるときがあるとしたら、やっぱり「うわっ、あの人、カッコいい」から入ると思うんですよね。まあ、見た目じゃなくてファイトスタイルとか発言だったりとかも含めて。やっぱそこなのかなって。

――だから浜崎さんのいちばんのカッコよさは、やっぱり試合で魅せることですよね。「SNSなんてどうでもいいぜ」っていうカッコよさとか。いま、急にそういう結論に至りました（笑）。

浜崎　試合以外のところでももっとうまくなりたいなあっていう気持ちはあるんですけどね。取材とかされても流暢に答えられないし、煽りVの撮影のときもうまく話せないし、写真撮影でもうまく表情が作れないし。「女で～す」だけは即座に返せるのになんでだろ（笑）。

浜崎朱加（はまさき・あやか）
1982年3月31日生まれ、山口県山陽小野田市出身。総合格闘家。AACC所属。
高校から本格的に柔道を始め、2001年に全日本ジュニア柔道体重別選手権で準優勝して全日本強化指定選手に選ばれる。2008年よりAACCにてMMAのトレーニングを開始。2010年12月17日『JEWELS 11th RING』の初代ライト級女王決定トーナメントを制して王座獲得。2015年7月10日『Invicta FC 19』でのInvicta FC世界アトム級タイトルマッチで勝利し世界王者となる。2018年5月よりRIZINに参戦して同年12月31日に浅倉カンナを破り初代RIZIN女子スーパーアトム級王座を獲得。現在も同王座の第3代王者として君臨する。

自己投影観戦記 できれば強くなりたかった

第138回 MMAの起源とは？

椎名基樹

椎名基樹（しいな・もとき）1968年4月11日生まれ。放送作家。コラムニスト。

本誌前号の、中井祐樹と柳澤健のMMAのルーツに関する認識に強い違和感を覚えた。彼らは言う。

中井「猪木vsアリがなかったら、世界の総合格闘技もなかったと思いますよ。日本の総合格闘技がなければ、また世界もなかったに近いので。いまのMMAのルーツは日本ですからね」

柳澤「だから、ブラジリアン柔術も日本の柔術から出たものだし、MMAという発想そのものが日本初だというのが、凄くおもしろいところですよね」

MMAのルーツは、誰がどう見たって第1回UFCであり、そこで「何でもあり」のMMAの原型を、体現したのがホイス・グレイシーだ。ホイスの出現によって、世界中の格闘技界が一斉に動き出した興奮を、格闘技ファンならば、みな憶えているはずだ。グレイシー一族がその存在を誇示するために、UFCで世界に打って出たことと、日本のプロレス、格闘技シーンがまったく無関係であることは明白で、日本の総合格闘技がなければ、世界に総合格闘技は存在しないという認識は、あまりにも気恥ずかしい。

ここではっきりさせておかなければならないことは「MMA」の定義だ。「MMA」を「MMA」としているアイデンティティーは「グラウンドでの打撃が許されている」ということだ。第1回UFCのグラウンド状態での打撃が許されるルールに対する衝撃、そしてそのルールこそが最強を決める格闘技にふさわしいと思わせる説得力がMMAを新バトルスポーツとして世界中に一遍に認知させた。また、グラウンド状態の打撃を防御するテクニック「ガードポジション」が、MMAをバイオレンスからスポーツに昇華させた。このふたつこそがMMAという新スポーツを成立させた創造性であり、ルーツを語ることとは、その創造性を語ることに他ならないと私は思う。

佐山聡が作り出したシューティングには、グラウンド状態での打撃がなかった。その着想をすることができなかった。そのスポーツが現代MMAのルーツだとは私には思えない。「MMA的な発想はあった、そのスポーツの実像はとらえきれなかった」では、起源とは言えない。

また、アントニオ猪木は第1回UFCを観て、悪趣味なバイオレンスショーだと切り捨てた。私のような単なるファンでさえグレイシー柔術の創造性、MMAの可能性を一目で理解できたのに、猪木の的外れな発言は、当時非常にショックだった。

MMAというスポーツを成立させる根幹となる柔術は確かに日本発祥だ。柔術は世界中の格闘技の中でも、唯一の発想を持った、実戦的で、まさに柔よく剛を制すを体現する、もっともクリエイティブな格闘技だと思う。そんな格闘技を日本人が生み出したことを誇りに感じる。ただMMAを生み出したのは、あくまでブラジリアン柔術だ。ブラジリアン柔術がMMAを生み得た理由は、ブラジル社会の日常生活に暴力が溢れていたからだと思う。喧嘩に役立つ格闘技として柔術はブラジル社会に根づいた。平和な日本の社会では、柔術のその技術は失われていた。そのブラジリアン柔術の有効性を知るグレイシー一族は、それを証明するために、なんでもありの闘いに打って出た。それがMMAとなった。「なんでもあり」こそがMMAの基本思想だ。

佐山聡のように、知性で新しい格闘技の姿を想像し、そのルールをワープロに打ち込んでいくような方法ではMMAは作りえなかったのだと思う。「噛みつきと目潰し以外なんでもあり、さあ闘ってみろ！」。そんな乱暴な方法でしかMMAを作り出すことはできなかったと思う。そしてその乱暴さを担保していたのが、ストリートの実戦で証明された柔術の有効性だった。

異種格闘技戦、シューティング、UWFと、確かにグレイシー柔術の登場以前に、新日本プロレスから端を発した総合格闘技的思想は日本に存在していた。しかしその着想の原動力になったのは、プロレスがフェイクファイトと世間から蔑まれることへの反発だった。日本の総合格闘技思想は、生まれたときから、頭でっかちで、柔術のような技術的な裏づけを持たなかった。

いわば日本のMMAはイデオロギー優先だった。しかし、だからこそファンも夢中になったのだ。私ももちろん夢中になったひとりだ。人生唯一のイデオロギー体験だったかもしれない。佐山聡によって、総合格闘技の必要性を諭され、その姿を想像して、その最先端の格闘技の創造に、自分が参加しているような優越感を持っていた。しかし、私たちが「総合格闘技の姿」だと思っていたものはまったく間違っていた。グレイシーの出現は、私たちに考え方の刷新を迫った。私たちは、自信を持って誇っていたものが、青臭い机上の空論だと思い知らされた。私たちは間違っていた。ただ、だから、それを思い知らされる日が来たことをすばらしいと思うのだ。自分たちが持っていた、純粋な情熱を苦笑いを持って思い出すことができるからだ。それなのに「総合格闘技のルーツは日本」などと嘘を言われると、その純粋さを汚されたような気持ちになるのだ。「日本にはかつてMMAになりきれなかったが熱いシーンがあった」。それで満足だ。

ただ、私がいちばん素晴らしいと思うのは、MMAの実像が暗中模索の中にあったにもかかわらず、幻のMMAファイターを目指した、安生洋二以降の、UWFの選手たちや、初代シューターと呼ばれる人たちが、大変な実力を身につけていたことだ。

最初は簡単に負けていた彼は、しだいにガードポジションの仕組みを学び、MMAに対応し始めた。さらに、それまで培ったスキルを、存分に発揮し始めた。桜庭和志をはじめUの選手たちは、初期MMAで日本の先兵となった。初代シューターたちは、選手を育てる側に回り、実力あるMMAファイターを世に送り出した。

佐山聡が考え出した総合格闘技は、不完全で消えてなくなっていく体系だった。しかし「強くなりたい」。「コンプリートファイター」になりたい」。そんなシンプルな情熱を日本総合格闘技の世界に植えつけた。生み出された選手は「本物」だった。

鈴木みのる

[第2代キング・オブ・パンクラシスト]

稲垣克臣

[パンクラス稲垣組代表]

パンクラス旗揚げ30周年！
記念すべき旗揚げ戦の第1試合で
互いに殺意を抱きながら
新時代の幕開けを告げた
ふたりが再会!!

「鈴木さんの目つきを見て、
『普通にしていたら殺される。
俺も殺しにいかなきゃ』
って思ったんですよ」

「思い出したよ。
俺は花道を歩きながら
ずっと心の中で
『殺す、殺す、殺す……』
ってつぶやいてた（笑）」

収録日：2023年7月25日
試合写真：山内猛
撮影・構成：堀江ガンツ

GotchStyle
Never
Piledriver
FIGHT
THE
STRONGEST.

「稲垣なんかはめちゃくちゃな入門テストを乗り越えて入ってきたんだからすげえよ。度重なるパワハラ、セクハラにも耐えて（笑）」（鈴木）

——今回は、鈴木さんが大阪で新刊『俺のダチ。』（ワニブックス）の発売記念トークショーをおこなうということで、ここパンクラス大阪にも寄らせていただきました！

鈴木　ワニブックスが出した交通費に『KAMINOGE』が相乗りしたっていうね（笑）。

——『俺のダチ。』自体、『KAMINOGE』掲載記事が大半なんでまったく問題ありません！（笑）。鈴木さんと稲垣さんがお会いするのはひさしぶりですか？

鈴木　いつ以来だろ？

稲垣　どのくらいですかね？　5〜6年ぐらいかもしれないです。

鈴木　俺が夜中に呼び出したとき？

稲垣　はい。

——いまだに夜中に呼び出しとかしているんですか（笑）。

鈴木　「いま、大阪で飲んでるからちょっと来い！」ってね（笑）。稲垣との付き合いはもう30年以上だからね。

——今年9月にパンクラス旗揚げ30周年を迎えますけど、その前の藤原組からですよね？

鈴木　藤原組の最後の頃に練習生として入ってきたのが稲垣だから。当時の藤原組の入門テストがめちゃくちゃで、とにかくイジメて入れないようにするっていう入門テストだったの。

——当時は入門志願者がいまとは比べものにならないくらい多い時代でしたから、そうやってふるいにかけていたと。

鈴木　でも稲垣なんかはそれを乗り越えて入ってきているわけだからすげえよ。入門したあとも先輩からの度重なるパワハラ、セクハラに耐えつつ（笑）。

——いまなら完全にアウトという（笑）。当時の藤原組って、おそらく全団体の中でそういうのがいちばんキツかったんじゃないですか？

鈴木　そういうこと言うなよ。当時の全団体じゃなく、プロレスの全歴史の中でだよ。

——ひどい（笑）。

鈴木　練習が終わったら、空気銃の撃ち合いとかが始まるもんな。

稲垣　そうですね。なぜか流行ってしまって。

鈴木　藤原（喜明）さんまで自分用の空気銃を買ってきていたからね（笑）。

——こないだ天山広吉選手の取材をしたんですけど、天山さんって若手時代、頭に爪楊枝を刺すのが有名だったじゃないですか。あれってもともと藤原組から新日本に輸入されたものだったんですよね？（笑）。

鈴木　そう。俺と船木（誠勝）さんでライガーと飲みに行ったとき、ライガーが連れて来た天山の頭に俺が爪楊枝を刺したんだよ。ブスッて（笑）。

――新弟子いじりの源流はだいたい藤原組という（笑）。稲垣さんは、そんな藤原組時代はどうでした？

鈴木　地獄だよな？

稲垣　まあ、いま思うと楽しかったというか。練習が終わって食事が終わると、かならずそういう遊びの時間みたいなのがあって。そういうもんなのかなって（笑）。

――ほかの団体も同じだろうと思っていたけど、じつは藤原組だけだったという（笑）。

鈴木　藤原組は、藤原さん以外みんな20代前半でガキだったからさ。そりゃやるよな。

――稲垣さんの同期っていたんですか？

稲垣　ボクの少しあとに国奥（麒樹真）が入ってきて、あとはけっこう入ってきたんですけど、みんな抜けていって（笑）。

――いろんな意味で「耐えられません」と（笑）。

鈴木　そういう時代に、あるとき藤原組で選手会議みたいなのをやって、最初に俺と藤原さんが対立したんだよ。それで藤原さんから「出ていけ！」って言われて、俺が出ていったあと、「藤原組は解散だ！」みたいなことになったんだよな？

稲垣　そうでしたね。

「鈴木さんの家に居候するのは凄く嫌だったというか、キツイことになるなっていうのはわかっていたんで（笑）」（稲垣）

――それで本当に藤原組解散というか、藤原さんと石川雄規選手以外全員が離脱になるわけですよね。そもそも、なんで解散になるほど揉めたんですか？

鈴木　会社の方針と、俺たちのやりたいことが衝突したんだよ。まだ「パンクラス」という名前はなかったけど、のちのパンクラスの試合スタイルをやることに俺らの頭は行っちゃってたから。でも興行会社を仕切っている藤原さんからすれば、「そんなことばっか言ってられねえだろ」っていうのがあって、そのせめぎ合いが強かった。

――理想に突っ走ろうとする鈴木さんら若い選手と、会社を存続させるために現実路線の藤原さんが衝突したと。

鈴木　で、いまはもう藤原さんとも凄く仲がいいんだけど、藤原さんが「あのとき、ちゃんと正面からぶつかれたから、いまこうして会えるんだ」と言ってくれてね。「あのときは

『藤原のジジイ、この野郎！』って言われたけどよ」とも毎回言われるんだけど（笑）。だから言い方は悪いけど、ちゃんとした揉め方だったんだよ。俺たちは本気でパンクラスのスタイルの試合に向かって行きたかったし、いま思えば当時藤原さんが言っていたことも凄くよくわかるし。

――あの頃って、SWSが崩壊した直後で藤原組もメガネスーパーからの支援がこれまで同様には受けられなくなるっていうタイミングだったんですよね。

鈴木　ああ、そんなときだったね。だから藤原さんが会社存続を第一に考えるのは当たり前なんだけど、若い俺たちの思いが加速して止まらなかった。どうしてもやりたいなら、藤原組を出て、自分たちでやるしかなかったんだよね。

――稲垣さんはデビュー前に団体が解散になり、先が見えないなかで鈴木さんや船木さんについていくのは不安じゃなかったですか？

稲垣　でも自分たちがやりたいことをやるためには、そうならざるをえないと思いましたね。

鈴木　若さだよ（笑）。

稲垣　本当にその通りですね（笑）。後先のことをいろいろ考えていたらできないと思うんですよ。

鈴木　先輩って言ってるけど、あの時点で俺はキャリア5年だぞ（笑）。稲垣はあのときいくつ？

稲垣　22、23歳とかですね。

鈴木　で、頼っている先輩って言っても歳は1個しか違わないんだから。頼りないよな。まだ名もなき若手レスラーだから。で、藤原さんに「解散だ！」って言われたあと、船木さんがみんなに連絡を取ってくれて「一度、みんなで集まろう」ってことになったんだよね。

――これから自分たちだけで新団体を作ろうと。

鈴木　そうなんだけど、まずはそれ以前の問題。稲垣、国奥、柳澤（龍志）が合宿所にいたんだけど、行き場がないからどうにかしようとなって。

――まず住む場所を確保しなきゃいけなかったんですね。

鈴木　髙橋（義生）は千葉の実家にとりあえず帰って、あと俺と船木さんと冨宅（飛駈）の家にそれぞれひとりずつ居候させることになって、コースターの裏に「鈴木」「船木」「冨宅」って名前を書いて、若手3人に「1枚ずつ引け」って言って、同居人をくじ引きで決めたんだよ（笑）。

――下宿人を（笑）。

鈴木　そのときの話を稲垣から聞いてやってください。

稲垣　でも収まるところにうまく収まりましたよね。

鈴木　うまく言いやがって。いや、この野郎は自分が引いたコースターの裏に「鈴木」って書いてあったとき、「アチャー！」って顔をしてたんだよ。いちばん行きたくないところだったらしい（笑）。

稲垣　いや、相性というか（笑）。冨宅さんのところには入ってきたばかりで最年少の國奥、船木さんと柳澤さんは同じ青森出身というつながりがあって、そうなるとボクは鈴木さんのところに行くのが妥当かなと思っていたんですよ。凄く嫌だけど、チャンスもあるなと思ってたんで。

鈴木　やっぱり嫌だったんだ（笑）。

稲垣　嫌というか、キツイことになるなっていうのはわかっていたんで（笑）。まあでも、うまい具合に収まるところに収まったかなと。

鈴木　「アチャー！」って思ったけれど（笑）。

――「冨宅さんのほうがよかったな……」みたいな（笑）。

鈴木　みんな冨宅がよかったらしいよ。いちばん害がないから。

「俺たちは猪木さんの異種格闘技戦や、UWFのその先にあるはずのまだ見たことがないものを見たかっただけ」（鈴木）

――船木さんもまた、何をされるかわからないですもんね。

鈴木　マッドネスだもん。俺のところなら「大変なことになる」っていう予測はできるわけよ（笑）。

――地獄であることは予想できるけど（笑）。

鈴木　だから稲垣との関係は藤原組解散後、一緒に住むようになってからのほうが濃かったね。毎日ふたりで練習してさ。当時、多摩川沿いに住んでいたんで、あの寒い多摩川土手をずっと走って。原っぱになってるから「ここでレスリングできるんじゃねえ？」ってそこでスパーリングしたこともあるよ。そうしたらお巡りさんが来ちゃったりして。

稲垣　土手で打撃と寝技のスパーをしていたら、「喧嘩してる」って通報があったみたいで（笑）。

鈴木　「すみません、仲間です。格闘技の練習してました」って（笑）。あの頃の印象は強く残ってるね。それで稲垣とふたりで練習し始めたときはまだ真冬で草木も枯れていたんだけど、日に日に緑色になっていくんだよ。それを見てお互いに未来を感じたんだよね。気づいたら桜が咲いててさ。

――「俺たちもいつか冬が明けて、花が咲くんだ」と。

鈴木　それで俺たちが多摩川土手で練習しているっていう記事がプロレス雑誌に載ったら、ファンのコが河口から1個ずつ公園を探して「やっと見つけました」って、ペットボトルの水を差し入れてしてくれたんだよ。

稲垣　そうでしたね。あれは感動的でした。

――当時はファンも純粋でしたよね。

鈴木　あんなに長い距離のある多摩川土手を端からずっと俺

たちを探していたっていうんだから。
——でも未来に向けて希望があったとはいえ、藤原組を出たことでみなさん収入がなくなるわけじゃないですか。
鈴木　だから貯金を食い潰してなんとか生活していたんだよ。あれも完全に若さと勢いだな。
——自分たちでイチから団体を作るんじゃなく、みんなでどこかの団体に上がろうみたいな案はなかったんですか?
鈴木　そういう話もあったし、「バックアップするよ」って言う人もいたし、「一緒にやりたい」って言う人もいたし、「全部俺が用意してやる」っていう、凄く有名な人も出てきました。だけど全部断りました。それをしてしまうと自分たちがやりたいものを作れないんで。「自分たちでやりたいものを作るんだったら、自分たちのお金でやらなきゃできません」って、腹をくくったんだよ。
——それぐらい自分たちが練習している競技に対してこだわりが強かったと。
鈴木　競技ではないよね。だって競技の意識あった?　プロレスだろ?
稲垣　はい。自分たちが理想とするプロレスですね。
鈴木　猪木さんの異種格闘技戦や、UWFのその先にあるはずのまだ見たことがないものを見たかった。そのなかで「1回でもいいから自分たちの思い通りのことをやりたいよね」っていうのがみんなの共通認識で。でも、その情熱があったからパンクラスは旗揚げ後、世の中でブームになったもんね。
——それぐらい選手たちの熱と想いが伝わったんでしょうね。ちなみにパンクラスを作る前は、どこと一緒にやるっていう話があったんですか?
鈴木　それは断った話だから言わなくていいよ。自分たちがイチからやるって決めたんだから。とはいえ、会社の作り方なんて俺たち誰も知らないから、近所の本屋に行って、俺が『まんが 株式会社の作り方』っていう本を見つけて、それを買って読むところから始まったからね(笑)。
——『まんが』ってところがいいですね(笑)。
鈴木　会社を作るためにお金が必要ってことで、「銀行に行ってみよう」ってことになったんだよ。よく「銀行でお金を借りた」って話を聞くから。それで自分の通帳と印鑑を持って「すみません、会社を作りたいのでお金を貸してください」って言ったら、「担保は?」って聞かれて「えっ、担保ってなんですか?」って。担保が必要とか何にも知らなかったんだよね。それこそタンポンなら知ってるけど(笑)。
——くだらない(笑)。
鈴木　そんな状態だから「俺たちはなんて甘かったんだ」と思い知らされてね。俺たちは無知すぎた。当時の船木、鈴木は、誰かに雇ってもらっていただけなのに、自分たちはなんでもできると思い込んでいた無知なガキだったんですよ。そこから考え方が変わっていきましたね。

「フランク・シャムロックもパンクラスの道場に住み込みで練習してましたよね。ヴァーノンもアメリカに戻ってからも活躍して」（稲垣）

――結局、どうやってお金を作ったんですか？

鈴木　自分たちの持っているものを売ってお金に替えたりとか、足りない分は冨宅のお父さんに借りたりとか。その中で「ボクらは年寄りでお金の使い道がないからキミたちに貸したい」って言う人が出てきて、それで会いに行って借りたね。

稲垣　千葉のほうですよね。

鈴木　東金とかあっちのほうだよな。田舎の老夫婦なんだけど、その人たちからお金を借りて。「ありがとうございます！」って。そこから始まってるんで。「1000万円作れたよ！」って。当時は株式会社を作るのに1000万の資本金が必要だったからさ。「でも、この1000万円で何をするの？」っていう、そんな認識だったから（笑）。

――でも新団体設立に向けて、トレーニングと会社作りを同時進行で進める必要があったわけですね。

鈴木　トレーニングは午前中に多摩川沿いで稲垣とやって、午後は「ちょっと俺、出かけてくる」って、会社を作るために奔走してたんだよ。それで俺が留守の間、稲垣はウチで飼っていた犬を散歩に連れて行ってくれたりね。あれが唯一の癒やしだろ？（笑）。

稲垣　はい（笑）。

――ひとりで外出できる唯一の機会（笑）。当時、鈴木さんの家は何部屋かあったんですか？

鈴木　あるわけないじゃん。だって22、23のヤツが住んでるアパートだよ。でも藤原組ではそこそこのお金をもらってたから2DKだったかな。6畳の部屋に俺と当時付き合っていた彼女がいて、4畳半のほうに稲垣に住んでもらって。

――同棲中の家に居候だったんですか（笑）。

鈴木　だから夜な夜な想像してたんじゃないの？　隣で始まるんじゃねえかなって（笑）。ドキドキしてた？

稲垣　いや、それどころじゃなかったですね（笑）。

鈴木　それで稲垣がいるあいだは……まあいいや、その話は（笑）。

――後輩が一緒に住むってなったとき、彼女はどう思っていたんですかね？

鈴木　わかんねえ。もう別れちゃってるから知らねえよ、そんなの（笑）。で、パンクラス旗揚げの前に道場ができて、

M.Suzuki

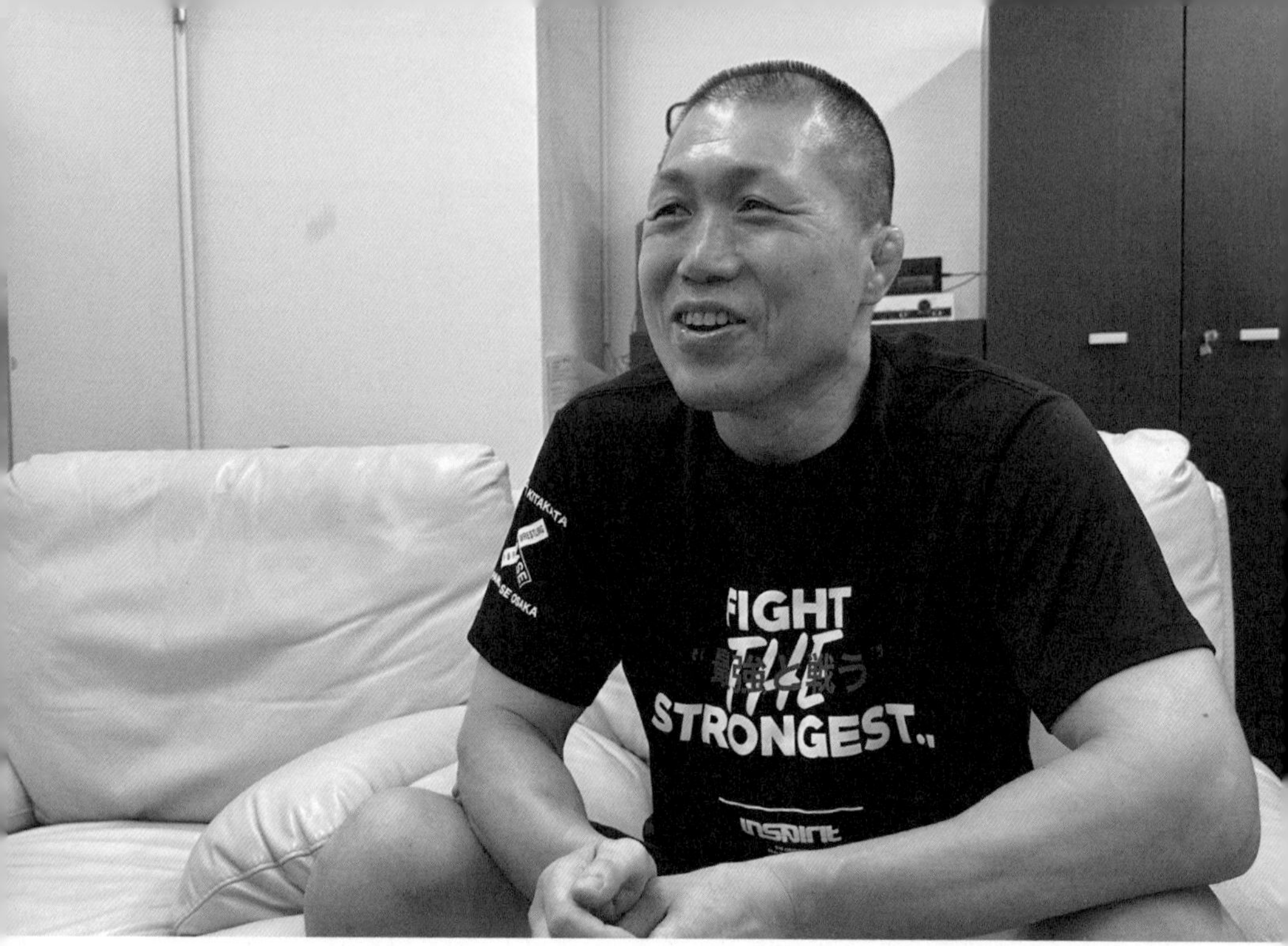

ようやく若手の住むところもできたんだよ。住むところって言っても、広い倉庫を道場として借りて、その中にプレハブの家を置いて、そこに住むようになったんだよな。合宿所を借りるカネがないんで。

稲垣　だから（横浜の）関内にジムができるまでは、ずっと道場の中に住んでいましたね。

鈴木　あそこが便利なもんだから高橋が住み着いちゃってさ。「出ていけ」って言ってるのに、アイツはずっと住んでたね（笑）。

――それは後輩にとっては困ったもんですね（笑）。

鈴木　だから、あそこに住んでいたのは高橋、柳澤、国奥、稲垣。あとヴァーノン（・〝タイガー〟・ホワイト）も住み込みで練習してたよな。なんならフランク（・シャムロック）もいなかったっけ？

稲垣　いましたね（笑）。

――世界のフランク・シャムロックがプレハブ住まいでしたか（笑）。

鈴木　ヴァーノンもUFCまで行ってるからね。

稲垣　アメリカに戻ってからも活躍しましたよね。

鈴木　あとグレゴリー・スミットとかマット・ヒュームもいなかったっけ？

稲垣　しばらくいましたね。

――稲垣さんはそういったMMA第一世代の選手たちに対して、みんな〝同期〟みたいな思いはありますか？

稲垣　ボクにとっては藤原組からのあのメンバーですね。

鈴木　マスコミやファンはそうやって定義づけたがるけど、当時、自分たちがやっていることをMMAだなんて思ったことは一度もねえよな。そんなの最近だろ（笑）。俺はいま普通のプロレスをやっているけど、気持ちはパンクラスの頃から変わらず同じままだもん。トレーニング方法が変わって、対戦相手とルールが変わったっていうくらいの感覚でしかないので。なんならいまの食事はあの頃と一緒だからね。卵の黄身をのぞいて、白身とブロッコリーで食ってるよ（笑）。

――当時、パンクラスの選手は味のしない鍋と、ゆで卵の白身だけ食べているっていうのが話題になりましたよね。あのバキバキに身体を絞った、いわゆる〝ハイブリッドボディ〟にするっていうのは、誰からの提案だったんですか？

鈴木　あれは最初、船木さんがボディビルダーの食事メニューを真似して身体を変え始めたんだけど、決定的だったのはレフェリーだった廣戸（聡一）さんのひと言。「キミたちが新しいことをやろうとするのは凄くわかる。でも新しいことをやるときに説明しなきゃわからないものは誰も見向きもしないよ」って言うんで、「どうすればいいと思います？」って聞いたら、「一瞬の見た目」って言われたんだよ。

「見た瞬間、『これはいままでと違う』と思わせなきゃいけない。いまのままじゃ誰も気づかないよ」って言われて、それがグサッと来たんだよね。

――素晴らしい助言ですね。それまでのU系も含めたプロレス界じゃありえない、全員バキバキのボディは凄くインパクトがありましたから。

鈴木　みんなでブロッコリーとかばっか食ってたからね。

「ルッテンは俺も2回やって2回負けてるし、稲垣もルッテンとやって腹を蹴られてたから『稲垣死んだー!』って思ったよ（笑）」（鈴木）

――そして記念すべきパンクラス旗揚げ戦（1993年9月21日、東京ベイNKホール）の第1試合が鈴木みのるvs稲垣克臣。歴史的に見れば、いわばMMA時代の幕開けのひとつだったわけですけど、先ほど聞いたとおり、おふたりにそういう意識はなかったわけですよね。

鈴木　まあ、新しい選手のデビュー戦で俺が相手をしたっていうくらいの感覚なんじゃないかな。「これがパンクラスだ!」っていうものを見せるつもりでリングには上がったけどね。

――稲垣さんはデビュー戦の相手が鈴木さんと決まったときはどう思われましたか?

鈴木　どうせ、「うわっ、まずいな……」って思ったんじゃないの?（笑）。

稲垣　いや、そんなことないです（笑）。決まったときよりも、ボクがいちばん印象に残っているのは、鈴木さんが入場してきたときの顔ですね。最初にボクが入場して、鈴木さんが入ってくるときの目つきを見たとき、「俺、普通にしていたら殺されるな……」って思ったんですよ。

――おー!

稲垣　それで「俺も殺しにいかなきゃ」っていうふうに思いましたね。

――なるほど。でも、それは凄く大事なことですよね。生半可な気持ちだったら殺されるから、こっちも殺すつもりで行かなきゃと。鈴木さんも相当な気合いだったんでしょうね。

鈴木　いま思い出したよ。花道を歩きながらずっと心の中で「殺す、殺す、殺す……」ってつぶやいてた（笑）。

――でもデビュー戦で、命のやり取りを感じられるって凄いですね。

稲垣　素直にそれは感じましたね。「殺らなきゃ殺られるな」と。

鈴木　パンクラスはすべてにおいて前例がなかったんで。当時、シューティング（修斗）がすでにあったけど、プロ興行としてはまだ未熟な状態でね。プロレスラーがあの形態の試合をするっていう、初めてのことをやる感じだよね。稲垣も、あの時点では自分が総合格闘家っていう気持ちはないでしょ？

稲垣　ないですね。「これが俺たちのプロレスだ！」という思いでした。

鈴木　新しいプロレスを作っている感じがあったよ。

――全試合、あのスタイルでやるというのは、かなり早い段階で決まっていたんですか？

鈴木　藤原組の（1992年10・4）東京ドームがひとつのきっかけだったんだよ。第1試合は柳澤と石川のグダグダの30分時間切れだったけど、のちのパンクラスにつながる実験だからね。

――旗揚げ戦は〝秒殺〟で騒がれたパンクラスが、しばらくしたら決着がつかない試合が増えましたけど、柳澤龍志vs石川雄規がそれをすでに暗示していたという。

鈴木　ドームの第1試合は、じつはパンクラスのプロトタイプだったんだよ。

――じゃあ、パンクラスをやるときっていうのは、みんなああいう試合をやるという共通認識が最初からあったんですか？

鈴木　一度みんなに意思確認はしたよ。「完全実力主義の新しいプロレス団体を作りたい」ということを船木さんが言って、「みんなもやりたいか？」って全員に最終確認して。全員が「やりたい」と言ったからああなったんで。強制的にやらされた人は誰もいないはず。

――ケン・シャムロックも「やりたい」と言ったんですか？

鈴木　全員に意思確認した場所にシャムロックはいなかったけど、俺と船木さんがアメリカに飛んで、アイツの家に行って説明したら、「やりたい」って言ったんだよね。俺はいま、プロレスの試合でアメリカに行く機会が増えたから、シャムロックにもバス・ルッテンにもたまに会うよ。

――バス・ルッテンみたいな選手が初来日して、旗揚げ戦に参加したのも運命的ですよね。あんな強烈な掌底、それまで見たことなかったですもん。

鈴木　ルッテンはオランダに選手を探しに行ったとき、一応クリス・ドールマンのところに挨拶に行ったらジムにいたんだよね。「リングスと揉めたくないから、ヘビー級中心のリングスには行かない、俺らと同じくらいの身体の選手を探してる」って話をしたときに紹介してくれたのがルッテンだったから、運命的だよ。

――超・掘り出し物だったわけですね。

鈴木　本来、オランダから呼んだ選手の目玉は、トーン・ステリングだったからね。パンクラスと同じような格闘技を、すでにオランダでやっているヤツがいるってことで。
──「バロカイ」っていう、総合格闘技みたいなことをやっていたんですよね。
鈴木　ドールマンのジムもトーン・ステリングに会いたくて行った部分があったんだけど、そこでたまたまルッテンと出会うんだから、やっぱり運命だったと思うよ。
──旗揚げ戦でのルッテンの相手は柳澤さんでしたよね？
稲垣　そうですね。
鈴木　ルッテンは凄いよ。パンクラスに来るまではキックボクシングしかやっていなかったのに、俺は2回やって2回負けてるからね。稲垣もルッテンとやってるよな。なんか腹を蹴られてなかったっけ？
稲垣　はい。蹴られました。
鈴木　「稲垣死んだー！」って思ったよ（笑）。

「30年経って、あのときの藤原さんの気持ちが凄くわかるんです。ボクも稲垣組の組長になったので（笑）」（稲垣）

──旗揚げ当時は、いったいどんな試合になるか、やっている選手もわからなかったわけですよね？
鈴木　全試合、あんなに早く終わるとは誰も思っていなかったから。5試合で合計13分だよ（笑）。俺と稲垣はの試合は3分くらい？
稲垣　そうだったと思います。
鈴木　メインの船木vsシャムロックが5分くらいだよね。あとは全部1分以内、数十秒とかだったから。
稲垣　でも、あれが普通に10分くらいの試合だったら、あそこまでのインパクトはなかったと思うんですよ。あのタイムだからこそっていう。
鈴木　あの試合後、プロレス雑誌の編集長たちが真っ先に言ってきたんだよ。まずターザン山本に「おまえら、やりやがったな」って言われて。次に『ゴング』の清水（勉）編集長に「踏み込んだね」って言われてさ。
稲垣　ボクは当時、その「やりやがったな」とか「踏み込んだね」っていう意味はわからなかったですね。いまになって、ようやくわかるというか。
鈴木　パンクラスみたいなものは、それまでプロレス界にはなかったんだよね。ある程度の規模のプロ興行の世界にもなかった。
──稲垣さんは、デビュー戦がそういったいままでにない闘いだったというのは、得難い経験ですよね。
稲垣　自分は無我夢中でしたけど、あの時代あってこそですね。

KATSUOMI
M. Suzuki

鈴木　でも稲垣はいまこうやって自分で道場を構えて、チャンピオンになるような選手を次から次へと輩出している。後輩だけど、素直に「凄いな」って思うよ。俺はいまの総合格闘技の若い選手の名前とか知らないけど、ちょくちょく試合映像は観ていて、「おっ、コイツ強いな」と思ったヤツがいると、「稲垣組」って書いてあることがよくあるんだよ。

——パンクラス稲垣組は関西では老舗ですから、20年以上ずっと強い選手を輩出しているわけですもんね。

鈴木　稲垣は真面目だもん。大阪にパンクラスのジムができると決まったとき、誰かが常駐しなきゃいけないとなって、俺が会社に稲垣を推薦したの。ここの最初のオーナーは、俺か船木さんに来てほしかったみたいなんだけど。

——スター選手の名前で会員さんを集めようと。

鈴木　「でも絶対に稲垣がいいです」って俺は言ったの。だって、こんなに真面目なヤツいないんで。ここのジムを始めてから何年？

稲垣　2001年からなので、22年ですね。

鈴木　1カ所でよくそんな長くやってるよな（笑）。

——チャンピオンを輩出し続ける老舗ジムですもんね。

稲垣　まあでも、いろいろありましたよ。それこそ昔の藤原さんと船木さん、鈴木さんじゃないですけど、それと同じようなことが最近もありましたし。そんなとき、どうするのがいちばんいいんだろうということは考えますね。

鈴木　ちゃんと考えるところが偉いよ。俺だったら「うるせーな。だったら辞めりゃいいだろ！」ってなっちゃうわけで（笑）。

——「出てけ、コノヤロー！」と（笑）。

鈴木　藤原イズムだよ（笑）。

稲垣　それも凄くわかるんですよ。あのときは、あれが答えだったなって思うんです。あれから30年経って、藤原さんの気持ちがわかるというか。ボクも稲垣組の組長になったので（笑）。

鈴木　そうだよな。藤原組の新弟子だった男が、いまや稲垣組の組長だもんな（笑）。「パンクラス稲垣組」っていうチーム名は誰が付けたの？

稲垣　（前田）吉朗が付けましたね。

鈴木　そうやって〝組〟を継いだわけだよな。最近もＵＦＣにひとり選手を送り込んだんでしょ？

稲垣　はい。木下憂朔っていうんですけど。

鈴木　これからはそういう世界に出て行く選手がいっぱい出てくると思う。俺も昔ちょっかいかけてたヤツが、いまＵＦＣに向かってるんで。内藤由良（現ミドル級キング・オブ・パンクラシスト）っていうのがいるんだけど。

稲垣　キッズレスリングの頃から鈴木さんが目をかけていた

んですよね。

鈴木　そうそう。俺のキッズレスリングクラスに来ていて。ちっちゃい頃から周囲に「ＵＦＣに出るんで」とか言ってて、「うるせーよ、おまえ！」って言われてたんだけど、あっという間に強くなったね（笑）。いま、俺はパンクラスに直接関わってはいないけど、そういう強い選手が生まれて、世界に出て行く姿を見るとうれしいよ。

「俺は稲垣みたいに直接関わってはいないけど、あと50年経ってもパンクラスがあったらいいなとは思っている」（鈴木）

――では、パンクラスが30周年を迎えて、いまどんな思いがありますか？

稲垣　30年前は先のことは何も考えていなかったですね。そのとき、そのときを必死にやってきた結果がいまの状況というか。だから自分自身は、これからも毎日を積み重ねていくだけだと思っています。

鈴木　真面目でしょ？（笑）。でも、それが稲垣のいいところだから。

――鈴木さんは、30周年を迎えて何か思いはありますか？

鈴木　俺は若い頃から「いまがよければそれでいい」という生き方をしてきた人間なんだけど、パンクラスをスタートさせたときに初めて「この団体を長く残していきたい」と思ったんだよ。それを俺に教えてくれたのが、パンクラスの最初の社長である尾崎（允実）さん。あの人のことを悪く言う人も中にはいるけど、その点では凄く感謝していて。俺たちが尾崎さんに社長をお願いしたとき、「キミたちが始めたことに俺が乗っかるんだから、１～２年で終わるものにはしたくない。50年、１００年と残るものを一緒に作ろう」って言ってくれたんですよ。それがずっと頭に残ってる。で、気づいたら30年ですよ。ただ、俺は全然関わってねえんだよな（笑）。

――でもパンクラスはプロレスと格闘技の歴史を変えたし、ＭＭＡの歴史を作ったと思いますよ。

鈴木　俺はアメリカに行くとＭＭＡ関係者によく言われるんだよ。「ＵＦＣのスタートは石で殴り合うような喧嘩だった」「でも同時期に、日本ではルールが整備されていたパンクラスができて、ＵＦＣとパンクラスが合わさることで、いまのＵＦＣになっていったんだ」「それをしてくれたのが、ケン・シャムロックとホイス・グレイシーだ」って言っていてね。

――パンクラスとＵＦＣが同じ時期にスタートしたっていうのが運命的だし、第１回ＵＦＣにシャムロックが出たっていうのも、また運命的ですよね。

鈴木　いま思えば、すべてが必然だったのかもしれないね。そのときは必死で生きていただけなんだけどさ。だって稲垣が俺んちに居候してるとき、将来コイツが大阪にジムを建てるなんて思わないもんな（笑）。稲垣だって、あのとき必死に生きていただけだもんな？

稲垣　はい。

鈴木　「今日なにを食う？」って財布を見たら、「3000円しかねえな……そばを作るか」って。乾麺は安いんで、そうやって食いつないでたから（笑）。

――損得抜きの情熱みたいなものが新しいものを作っていくんですかね。

稲垣　そうですね。「若さの暴走だったな」っていまは思いますね（笑）。

鈴木　そうやって暴走族もできるのかな？（笑）。

稲垣　若さゆえの暴走（笑）。

鈴木　エネルギーのはけ口がリングなのかバイクなのかの違いだけど、もしかしたら一緒なのかも。

――あのスタイルで毎月試合をやっていたんですもんね。

稲垣　そうですね。でも、その試合数が多いのか少ないのかもわからなかったんで。

鈴木　わからなかったねえ。

稲垣　毎月試合できると思っていたし、普通だと思っていたし。むしろ「1カ月に1試合って、少ないくらいじゃないか？」って思っていたんで（笑）。

鈴木　思ってたよな（笑）。逆にほかのプロレス関係者から「おまえらは月イチだからラクでいいな」って言われてたもん。でも月イチのペースはUWFからのものなんで。

――パンクラスは試合は格闘技なのに、興行形態がUWFのままだったんですよね。だから毎月試合をするし、全選手が出場するのが当たり前で。

鈴木　それでちょっとケガをして休んでいたら置いていかれる気持ちになるから、みんながケガを隠すようになって（笑）。本当に情熱だよね。よく言うじゃん。「ほとばしる情熱」って。本当にそのまんまだったよ。

――今後のパンクラスに期待することはありますか？

鈴木　どうなってほしい？「勝手にがんばれ」だよ。

――なるほど（笑）。

鈴木　たぶん「渡す」とか「託す」っていうのはそういうことなんだろうね。「生かすも殺すも、まかせるよ」っていうことなんで、もう見守るだけですね。俺は稲垣みたいに直接関わってはいないから。でも、あと50年経ってもあったらいいなとは思っているよ。

――稲垣さんはどんな思いがありますか？

稲垣　自分ができることをやる。それだけですね。必要とされなくなったときが辞めるときだと思っているんで、そうなったら辞めるし、できることをこれからも続けていこうと思います。

鈴木　じゃあ、稲垣。これからもがんばって。俺は俺で、プロレスラーとして世界で闘い続けるからさ。

稲垣　今日は、わざわざ来ていただいてありがとうございました！

鈴木みのる（すずき・みのる）
1968年6月17日生まれ、神奈川県横浜市出身。プロレスラー。
1987年3月に新日本プロレスに入門。1988年6月23日、飯塚孝之戦でデビュー。その後、船木誠勝とともにUWFに移籍し、UWF解散後はプロフェッショナルレスリング藤原組を経て1993年に船木とともにパンクラスを旗揚げ。第2代キング・オブ・パンクラシストに君臨するなど活躍。2003年6月より古巣の新日本に参戦してプロレス復帰。以降プロレスリング・ノア、全日本などあらゆる団体で暴れまわる。現在は新日本を中心とした日本国内、そしてアメリカやヨーロッパなど海外でも活躍している。2023年2月11日、新ユニット『STRONG STYLE』を始動させた。

稲垣克臣（いながき・かつおみ）
1969年9月30日生まれ、長野県佐久市出身。元総合格闘家。パンクラス稲垣組代表。
中学・高校時代は柔道で鍛え、明治大学を中退してプロフェッショナルレスリング藤原組に入門。練習生としてプロデビューを目指していたが、1992年12月の船木誠勝や鈴木みのるを筆頭とした選手大量離脱に帯同して藤原組を退団。その後パンクラスの設立に参加する。1993年9月21日、パンクラス旗揚げ戦の第1試合、鈴木みのる戦でデビュー。2003年6月22日、パンクラスで引退試合でおこない國奥麒樹真にチョークスリーパーで一本負け。引退後はパンクラス大阪でインストラクターを務めながら、「パンクラス稲垣組」の代表として後進の育成に尽力している。

兵庫慎司のプロレスとまったく関係なくはない話

第99回　私はほしい。鋼のメンタル、鉄のハートが

兵庫慎司

(ひょうご・しんじ) 1968年生まれ、広島出身・東京在住、音楽などのライター。今回、文章の終わり方をどうすればいいか、見失ってしまい、ためしに年齢を書いてみたら、なんとなく締めっぽくなったので、そうしました。9月7日生まれなので、正しくは本誌の発売日の2日後です、55歳になるのは。同学年は、ミュージシャンだとチバユウスケ、小沢健二、小山田圭吾、真心ブラザーズ桜井秀俊、GREAT3片寄明人、BEAT CRUSADERS→THE STARBEMSのヒダカトオル、アイゴン(會田茂一)、掟ポルシェ、など。プロレスラーは、永田裕志、鈴木みのる、ケンドー・カシン、FUNAKI、邪道など。2016年3月に亡くなったハヤブサも、同学年でした。

本当はこう言いたいけど、それ、みっともいいことじゃないから、人からどう思われるかを考えると、とても口には出せない。自分が書きたい本音はこうなんだけど、そのまま出すと「なんだこいつ」と思われること必至なので、書くわけにはいかない。

などと、ひとりの生活者としても、何かを書いて食っているライターとしても、それはもうビクビクと、クヨクヨと、オドオドと日々を過ごしている、私のような器の小さい人間の、対極のような存在に、ごく稀にだが、出くわすことがある。

私の希望はこうだ。だからそれを口に出して人に伝える。たとえ、その相手がどう思おうとも。という……いや。そういう人の場合、最後に「たとえ、その相手がどう思おうとも」が、付かないのかもしれない。なぜ。ハナから気にしていないから。

「ちっちゃいことは気にするな、それワカチコワカチコ」というゆってぃのギャグは、気にしてしまう人だから成立するものなのであって、本当に気にしない人からは、そんな言葉は出ないのだなあ。と、「本当に気にしない」方々のエネルギーを浴びると、つくづく思ってしまうのだった。

たとえば。自分ではなく、知人の作家の体験だが……仮に名をイノウエさんとしておこう。彼は本が売れていて、自身がメディアに出ることも多く、作家の中では顔が世に知られている方なので、気づかれたのだろう。飲み屋でたまたま隣になった女優から、いきなりこう言われたという。

「イノウエさんですよね？　私、エッセイ書きたいんですけど、エッセイ書いてください！」

え？　は？　何？　どういうこと？「エッセイ書きたいんですけど、エッセイ書いてください」って？

と、混乱して黙ってしまった彼は、次の瞬間、つまり「自分のゴーストでエッセイを書いてくれ」と言われているのだ、ということを理解し、さらに絶句したという。

するよそりゃ。だってすごくない？　己が「エッセイを書くのは面倒でイヤだけど、『エッセイを書いている』というステイタスはほしい」人間であることを、初対面の作家に向かって宣言できる、人にそう認識されることを気にしない、鋼のメンタリティ。

これだ。これなのだ、僕がほしいのは。

しかし誰なんだ、その女優。と、彼に問うたが、教えてくれなかった。「俺も知ってる人？」「はい。普通に映画とかテレビとか観る人なら知ってると思います」としか。

誰なんだろう。気になる。あ、彼がそのオファーを断ったのか、引き受けたのか、きいてないや。それも気になる。普通に考えたら、引き受けるわけないが、意識的にか、無意識になのか、普段から、そのような面倒なことに、なぜか巻き込まれていきがちな人ではあるので。

それからもう一例。これは僕自身の経験です。某映画雑誌……仮に誌名をXXXとしましょう。そこから、ある日本映画の主役と準主役のインタビューの仕事をもらった。監督も原作者も好きだし、その俳優たちも好きだし、何よりも、試写を観たらめちゃくちゃおもしろかったので、うれしい仕事だった、のだが。

インタビューを仕上げて編集部に送って、ちょっと経ってから、その映画の宣伝会社の人から、メールが届いた。某映画情報サイトで、さまざまなメディアの人がこの映画を熱く語る、という企画をやるので、その中のひとりとして原稿を書いていただけないでしょうか、という仕事の依頼だった。で。「喜んでお引き受けします」と返信し、何度かメールをやり取りしている中で、先方が、こんなことを望んできた。

「ちなみに、兵庫さんのお名前のクレジットに、肩書として『XXX編集部』と出していただくことは可能でしょうか？」

すみません、できません。私はフリーのライターで、「XXX編集部」に所属しているわけではないので。「XXX編集部」的にも、ナシだと思います、それは嘘になるので。もしその肩書が必要でしたら、私ではなく、今回のインタビューの窓口になった編集のスタッフに、依頼されてみてはいかがでしょう？ 映画が盛り上がればいいので、それでも私は異存ございません。

と返信したところ、納得してくれたようだったので、そのまま原稿を書いたのだが。これもすごくない？ あんたの名前なんか誰も知らないから、ちょっとは名前が知られている「XXX編集部」をくっつけてクレジットを入れさせてくれ。って、「あんた」本人に、直で言っているわけなので。

いや、「そんなことはない！」とは言わないよ？ 自分の名前がクレジットされていたって「誰こいつ？」なのはわかっていますよ？ そもそも音楽ライターだし。でも、「私はあなたのことをそう思っています、そう思いながら仕事を依頼しています」と、真正面から「あなた」に伝える、ってねえ。インタビューの時は、俺を編集部の人間だと思っていたのかな。いや、名刺、渡したよな。じゃあ、編集部の人間がインタビューするんだと思っていたら、フリーの俺が来たってこと？ いやいや、取材のブッキングの段階で、編集が「インタビュアーはフリーライターの兵庫慎司です」って、伝えていないわけはないし。

ともあれ。作家イノウエの例に勝るとも劣らない、「相手にどう思われてもかまわない、というか、どう思われるか自体を気にしていない」鉄のハートっぷりに、俺もこうなれれば、日々のいろいろなことがラクだろうなあ……と、怒りよりも、羨望の気持ちの方が勝ってしまった私なのでした。

この号が出る頃には、55歳になります。

おもしろい人はなぜおもしろいのかを
調査する好評連載・第32回

マユリカ

阪本&西谷

遅刻厳禁！ヒアルロン酸注入済み！
ロートーンなボケ＆
ハイトーンボイスのツッコミを
ひっさげて２０２３年東京進出!!

**「ボクらは
自己分析とか対策を
立てたりすることが
できないんですよ。
理想は『おもろいのは
みんな知ってる』っていう
状態がずっと続くことです」**

収録日：2023年8月11日
撮影：工藤悠平
聞き手：大井洋一
構成：井上崇宏

「いま、マユリカはいいですよ」

私にはお笑いに関して、信用できる情報筋というものがあります。

その正体は、銀座七丁目時代からお笑いを見続けている四十路の女性なのですが、いまだに小劇場で開催されているプロダクション主催のお笑いライブに行き、出待ちまでしているという、四半世紀、最前線で闘い続けている偉人です。

誰かと誰かがツーマンライブをやった。

誰かが今度東京に拠点を移すようです。

あの人の一芸はおもしろいので見てほしい。

などなど、ときおりお笑いに関する超コアなLINEをくれるのです。

インターネットではさまざまな情報が無限に発信されている現代。

どの情報を掴むのか。その取捨選択がとても難しい。

私には、このような信用できる情報筋がいるのです。

そして彼女はもう数カ月間「いま、マユリカがいい」と言い続けています。

ということで、お話、お聞きしました。（大井）

「まわりの先輩から『マユリカは今年東京に行ったほうがいいんじゃないか？』って言ってもらって来た感じです」（阪本）

――マユリカは東京に進出してきて4カ月くらいですか？

中谷　ちょうど4カ月ですね。大阪と比べていろんなお仕事があるんで、いろいろやらせてもらえてます。

――東京に進出するときって、大阪時代にやっていた仕事は一度リセットになるんですか？

中谷　大阪でレギュラーとかを持っている人は、ある程度は片づけてから行くんですけど、ボクらは神戸のラジオぐらいなので特にリセットするものもなくて。

――そのラジオの仕事はそのまま東京で引き継いで。

阪本　こっちで継続して録ってるっていう感じですね。

――それをひとつ抱えて東京に来た感じですね。でもレギュラーじゃなくても大阪を拠点とした仕事もあったわけですよね。東京に来るときに「これ、全部なくなっちゃうのかな？」っていう不安はなかったですか？

中谷　あんまないですね。吉本という会社のシステム上、東京にも劇場はあるので、ある程度そこの仕事はもらえるのかなと。

阪本　「東京に行かんかったらよかった」って言ってる人も聞

いたことがなかったんで。

中谷　そうなんですよ。先に行った人でそういう声がないから。

阪本　「大阪のほうが仕事あったな」ってのもあまり聞かないし、結局みんな「絶対に来てよかった」って言ってるのも知ってたんで、あんまり不安とかはなかったですね。

――デビュー13年目で東京に来るっていうのは、タイミングとして何か区切りみたいなものがあったんですか？

阪本　いえ、ボクらはまったく考えてなくて、それこそ「もしM－1とかが獲れたりしたら行こうかな」ってぼんやりくらいだったんですけど、まわりの先輩から「マユリカは今年行ったほうがいいんじゃないか？」って言ってもらって「どうする？」みたいな感じでしたね。

中谷　ボクはそれを又聞きした形で、「なるほど。その選択肢もあるか」って背中を押してもらった感じです。

――じゃあ、自分たちの決意があって「よし、東京で勝負するぞ！」っていうわけではなかった。

阪本　「いっさいなかった」って言ったらあれですけど（笑）。

中谷　まあ、そうですね（笑）。

――どっちかというと、阪本さんのほうは緻密に物事を考えるタイプではないんですか？

阪本　全然ですね。マユリカは自己プロデュースするメンバーがゼロでやってきて、ほんまに流されてやってるだけで。

中谷　ネタとかは相方（阪本）が考えてくれてブレーンではあるんですけど、コンビの方向性とかそういうのは「どうする？」ってふたりで言い合う感じですね。

――それでまわりから「そろそろ東京に行ったほうがいいんじゃないの」って言われて、「ああ、そうか」と。

阪本　やんわりとロングコートダディや日本の社長が行くのも知ってたんで、「俺らも行くか」みたいな。その流れについて行ったって感じですね（笑）。

中谷　1組だけで単身行くぞとかはなかったかもしれないですね。だから東京に来ましたけど、明確な目標とかはなくて、大阪時代にやっていた感じの規模をちょっとずつ広げる感じでいろいろできたらうれしいな、ぐらいしかなくて。テレビに呼んでもらったりしたらうれしいのでもちろん行きますし、そこでちょっとずつ活躍できたらええなって。

――ニューヨークのYouTubeチャンネルを観ましたけど、東京に来ていきなり家賃20万のところに住んでるんですよね？（笑）。

中谷　それはちょっとミスってるだけなんですけど（笑）。

――「レギュラーがこれだけあって、月にこれぐらいはもらえるから家賃20万でもいけるか」みたいな計算ではなく（笑）。

阪本　なんも計算してなかったです。

中谷　ほんまに家賃で全部消える可能性もありました。

阪本　べつに「いいとこ住んだろ」とかでもないもんな？

中谷　そうなんですよ。スケジュール的に東京で家を選ぶ日が1日しかなくて、この日に決めてしまわなきゃダメだってことで3軒くらいしか見れてないんですよ。ボクらは大阪で家賃9万のところに住んでたんですけど、大阪で9万って家族が住めるようなところなんですよ。寝室も別で、風呂トイレももちろん別っていう。いまの20万のところよりも大阪の9万のところのほうがよかったんですよ（笑）。それくらい東京は高いんで。

阪本　でもこっちの芸人に場所を言ったら、「それはええとこ」って言うじゃないですか。

――劇場との距離だったり、芸人が活動するのにはいい場所だよと。

中谷　ボクらは東京の地理がなんもわからないから、言われるがままにそこで探したら、結果的にそんな家賃になってもうてるって感じです。

「藤原副社長が会うたびに『ちんちんの調子はどうや？』みたいな感じで言ってくれるんで、いい会社やなって」（中谷）

――ボクのところに漏れ聞こえてきた言葉をつなぐと、たぶん代々木上原ですよね？（笑）。

中谷　そうです。漏れというか表でバッコバコに言われてる感じですけど（笑）。

――「新宿に劇場と会社があるから、代々木とかあのへんがええんちゃうか」って言われて。

中谷　まさにそうです。きのうも近所のコンビニに行ったら「あっ！」って顔を差されて、「なんかこのへんに住んでるってあっちこっちで観てたんですよ」って言われて（笑）。で、こっちに来てみて思ったんは、言い方はあれですけど「大阪って田舎やったんやな」っていうか。

阪本　まあまあ、わかりやすく言えばな（笑）。

中谷　大阪は難波、遠くて梅田、仕事が全部そこだったというか、絡む人も吉本の先輩ばっかりだったのが、東京だとあっちこっちでテレビに出てるような人と毎日しゃべれたりとか、すべての規模が全然違いますね。

――芸人以外の人と会う機会もあると。

中谷　イベントとかも凄い企業が関わってたりしてるし、いちいち規模の大きさにビックリする感じですかね。

阪本　大阪は吉本の舞台がテレビで流れてるくらいなんでそんな緊張もしないんですけど、東京はいちいち規模がデカいんで緊張しますね。

――阪本さんって緊張することあるんですか？

阪本　いや、ボクは初対面の人には全然ですよ。「初めてのダウンタウンさんや」「初めての川島（明）さんや」みたいになっちゃうともう……。

——それって仕事ではめちゃめちゃ不利じゃないですか。

阪本　めっちゃ不利だと思います。萎縮しちゃうんですよ。あたふたしてドンとできないんで。

——これからテレビにいっぱい出て行くと、絶対にそういう機会も増えるじゃないですか。

阪本　コイツ（中谷）は見るからにいじられキャラというか隙があるんですけど、ボクってマジでどんなヤツかわからないじゃないですか。

——そうなんですよ（笑）。

中谷　だから向こうからしても不気味やろうし、「何を言うんやろ？」みたいな。それをボクがうまくプレゼンしてドーンとやれたらいいんですけど、その様子を見てボクもちゃんと緊張しちゃってるんで。そこはちょっと慣れていかないとダメですね。

——いわゆるコンビとしてのバランスってあるじゃないですか。キャラクター的に最初は中谷さんがみんなからイジられることでスポットを浴びて、それを阪本さんがちょっとうしろから見てる感じになる機会がたぶん多いと思うんですよ。そういう瞬間のジレンマって阪本さんのなかであったりするんですか？

阪本　コイツがいじられてるときは、ボクはコイツの暴露話とか知ってるエピソードを言って、火に油を注ぐという役割をするしかないんですけど、それってボクはまったくおいしくないんで、楽しくはないです。

——アハハハハ！　やっぱり自分の出どころを探さないとっていう感じなんですね。阪本さんの強みというか、たとえば楽屋で中谷さんに服を脱がせて踊らせてたりしてるっていうのはなんなんですか？

阪本　あれは遊びですね（笑）。

中谷　ボクらは幼稚園からの幼なじみで、友達で入ってきてるから、たぶんその延長線上でやってるだけなんですけど、コイツが喜ぶからボクもやるし。

——その大人が服を脱ぐまでの過程というか、そこに至るまでにどういう段取りで行くんですか？

中谷　でも「おもろいでしょ？」って思ってやってるわけではなくて、ほんまに暇つぶしでやってるだけなんで。

阪本　遊んでるだけなんですよ。

中谷　だからコイツが「ちょっとドラえもんやって」とか言ってきたら、ボクが「も〜う、のび太くんはまたジャイアンにいじめられてるのか〜い？　しょうがないな〜」って言ってズボンを脱いで（と実際にその場で脱ぎだす）。

——あっ、いまから再現してくれるんですね。

中谷　そんでパンツも脱いで、「♪トゥットゥルトゥットゥ、トゥットゥルトゥットゥットゥ〜、ほ〜け〜クサちんぽ〜、クサくろうらすじ〜、あなる〜、ウフフフ〜」って。

——これはおもしろいですね（笑）。

阪本　これをやってもらったあと、ふたりで何事もなかったように静かに座ってるっていう（笑）。

——それを果てしなくやってるんですか？

阪本　果てしなくやってますね（笑）。

——この一連の流れが完成してるわけですよね。

中谷　大阪で藤原（寛）副社長がおられるときにコイツからこれが飛んできたことがあって、藤原副社長の前でも「ほ〜け〜クサちんぽ〜」って言ってましたもん。でも笑って許してくれて、それから会うたびに「ちんちんの調子はどうや？」みたいな感じで言ってくれるんで、いい会社やなって。

——ボクも若いときに淋病をもらったことであって、そのとき藤原副社長から「おう、どうした？」って聞かれたんで「いやー、淋病なんですよ、いま」って話をしたのが23年くらい前なんですけど、いまだに会うと「ちんぽの調子どう？」って声をかけてくれますね（笑）。

中谷　じゃあ、ボクはこの先20年くらい言われるんですね（笑）。

「コイツ（中谷）の遅刻で謹慎になったときはいちばん怒ったかも。初めてM－1の準決勝に行けた次の月だったんですよ」（阪本）

——それこそおふたりは幼少期からの友達という関係で始まって、中谷さんのなかで「俺、いじられるのしんどいな……」っていうのはないんですか？

中谷　いや、それはないです。楽しいからやってて、ふたりでずっと遊んでるっていう感覚が続いてるだけで、逆に芸人になったことでビジネスライクになりすぎて会話もないとかだとむっちゃしんどいんじゃないかなって思いますね。

阪本　コンビで全然しゃべらへん人らとかいますけど、凄いなって思いますね。

——じゃあ、お互いのプライベートのことも、直接は聞かないにしてもなんとなくは知ってる感じですか？

中谷　いや、直接聞きますね。「きのう、どこに行った？」とか。

阪本　最近あったこととかを移動のときにしゃべったりとかしていますね。

——そんな仲良しのおふたりですけど、マユリカと言えば、度重なる遅刻で謹慎した話とか、あとはコロナ感染による賞レース決勝の出場辞退、そしてハイヒールさんの舞台袖でタバコを吸ってて問題になった話とか、これまでいろいろとついてないエピソードがあると思うんですけど、そういうついてないことってまだまだあるんですか？

中谷　いや、そこの1年ぐらいがとんでもなく立て続けにめっちゃあったっていうだけで、ボク個人としてはめっちゃ人生ついてるほうやと思います。そもそも、お笑いもコイツから誘われてなかったらやってないしとか。それから言い出すとだいぶついてるかなって思いますね。その1年だけが特にひどかったんですよ。「なんでこんな立て続くねん……」って。

——コロナは単についてないって話ですけど、度重なる遅刻っていうのはどういうことだったんですか？

中谷　それは、その1年とはまた別なんですけど、5年くらい前にずっとボクひとりでお客さんの似顔絵を描くっていう仕事があって、それってお客さんが来なかったら待機するだけになって時給も発生しないっていう仕事やったんですよ。

——それは芸人としての仕事だったんですか？

中谷　いちおう劇場から言われてやってた仕事なんですけど、ちょっとその仕事をナメてたというか。

——「べつに本業じゃないし」っていう。

中谷　それで「誰も来うへんやろ」と思って5～10分遅刻したら、そのときに限ってお客さんが来るみたいなことが続いて、支配人に「仕事だからナメんなよ。次、遅刻したらコンビの仕事もなくすぞ」って言われた次の日に6時間寝坊してしまったっていう。で、「これはちょっとえらいことやから、気づいてなかったことにしよう」と思って、携帯が壊れたことにして電源を切って言い訳をずっと考えながらひとりでぶらぶら歩いてたら、そのあいだに「連絡が取れへん！」みたいな感じで大ごとになってしまって、結局「コンビで謹慎しなさい」って言われました。

——それは反省してるんですか？

中谷　はい。もちろんです。

——そこで「コンビで謹慎ってのはおかしいだろ」とはならなかったんですか？

中谷　いやまあ、そういうもんみたいで。過去の先輩で謹慎になったところも片方だけが悪くても両方みたいな。連帯責任というか。

——阪本さんが中谷さんに対してマジでキレたのは、その遅刻のときぐらいですか？

阪本　そうですね。そのときはいちばん怒ったかもしれないですね。しかも初めてM‐1の準決勝、敗者復活戦に行けて、その次の月だったんですよ。ようやく給料もちょっともらえるようになったときで。

中谷　いちばんチャンスやったときですね。

——ノッてきたというか、仕事がまわってきたところだった

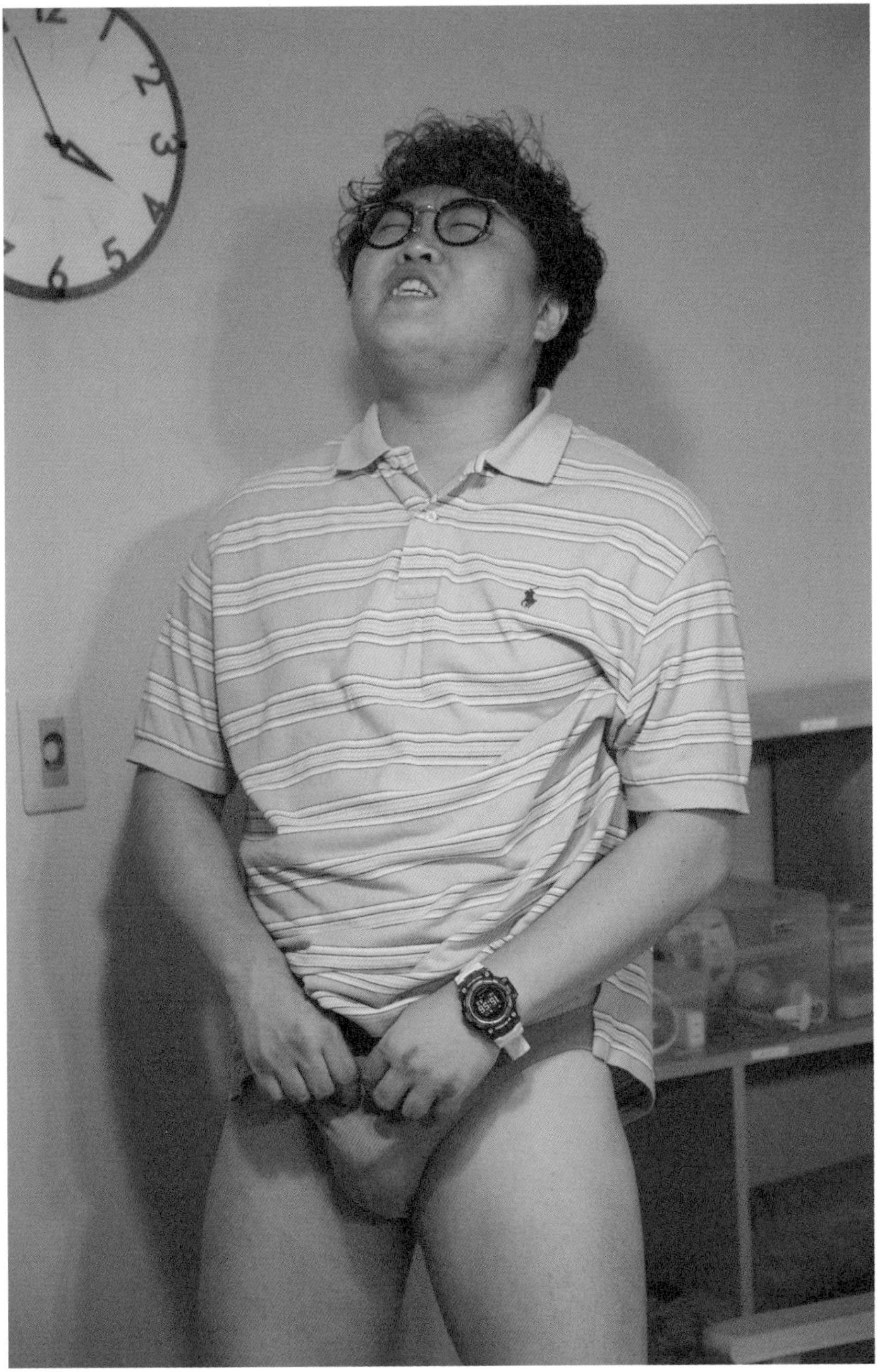

んですね。

阪本　月10何万の給料からなんか変わるんじゃないかっていうところで、ゼロのほうに変わってもうて。

中谷　収入が2カ月ゼロになってしまったんで、それはもう。

阪本　ほかの準決勝まで行ったコンビは、そこから大阪のテレビに呼ばれたりしてたんですよ。。だから「何してんのやろ……」みたいな。

――同期が霜降り明星、コロコロチキチキペッパーズ、ZAZY、ビスケットブラザーズとかで凄いじゃないですか。その焦りはあるんですか？

阪本　いやでも、同期に焦るとかはほんまにないですね。べつに霜降りが獲っても、コロチキが獲っても、「悔しい！」とかはあまりならないですね。ビスブラでも。

――そこは「おめでとう！」と。

中谷　たとえばボクらが全然食えてなかったりしたらまた違うのかもしれないですけど、ある程度同じような道を来てる仲間みたいな感じかもしれないですね。

「えっ、"この話"はもうけっこう広がってるんですか？まあ、話しても大丈夫だと思います」（中谷）

――そうなんですね。そういえばちょうど先日、劇場で事件が起きましたよね？

阪本　そうなんですよ。

中谷　2日前ですね。もうけっこう話が広がってるんですか？（笑）。

――いや、詳細がネットにあがってるんですよ。無限大ホールでの舞台中に、ちょっと異質なお客さんが入って来られたんですよね？

中谷　女性のお客さんですね。

――この話って、してもいいんですか？

阪本　ボクはもうラジオでしましたね。

中谷　収録したんで、まあ、大丈夫だと思います。

――そのお客さんは遅れて来たんですか？

阪本　はい。遅れて。

――すでにライブは始まっていた。

中谷　おしみんまるさんっていう先輩の方が漫談されているときに入って来られて。

――で、その人がなかなか自分の席に座らなかった？

中谷　座らないですし、ハイヒールみたいなのを履いていたんですけど、ずっと舞台の上の通路のところをカツカツカツって大きな音を出して歩いていて。だからほかのお客さんも全員ネタが頭に入って来なくなって、おしみんまるさんが「あっ、よかったら座られるまで待ちますよ」みたいなことを言って

も無視で、ずっとカツカツカツって右往左往し続けて、「あっ、席がわからないんですか？　席がわからなかったら案内しますよ」とか言っても「自分で調べます!!」とか言ってて、そのあたりから「あれ？」となって。

阪本　全員がピリッとして（笑）。

――おふたりはそれをうしろで見ていたんですか？

阪本　ボクらは次の出番だったんで袖にいたんですよ。それで「えっ、なに？　なに？」となって、スタッフさんがふたりくらい駆け寄って「案内しますよ」って言っても、「自分で調べます!!」とか言ってちょっと激昂されて、それがウワーッとなったんで警察を呼ぶことになって。

――警察を呼ぶまでにもひと悶着あったんですか？

中谷　支配人が対応して、「ちょっと営業妨害なので」って言ったら「営業妨害じゃありません!!　お金払ってます!!」とか言って。

阪本　おしみんまるさんがそのやりとりをずっと舞台から見てるっていう（笑）。

中谷　目の前ですよ（笑）。

阪本　そのお客さんの席が最前列のど真ん中なんですよ。そこでそれがずっと繰り広げられて。

中谷　おしみんまるさんも凄くて、バランスをずっと取ってて、お客さんがひかへんように、なんならちょっと笑いに変えるぐらい。だからその人が最前列に座ったときも「いや、そこなのかよ」って言ったらちょっとウケてとか。

阪本　それで警察の方が5人くらい来て、そのうちのひとりの方がそのお客さんにしゃべりかけたら「触らないでください！　あなた、本当に警察ですか!?」って。それでもおしみんまるさんはネタ中なんですよ（笑）。

――アハハハハ！

阪本　そこでも黙ることをしないというか、ずっとしゃべってるんですよ。

中谷　ずっとそれの繰り返しで、状況が一向に進まないんですよ。「触らないでください！」「いや、触ってないですよ」ってやってて、おしみんまるさんがまた「いや、触ってねえのかよ」って言って笑いにしてみたりとか。とにかくそれがずっと続いてて。

阪本　それでどうしようとなって、「とりあえず芸人が出て行こう」となって、みんなでバーッと出て行ってフリートークというか。そのあいだもずっと最前列で揉めてるんですけど。

――そこをいじらないというフリートークをしている感じですか？

阪本　いや、いじりまくりです。でもフリートークでふざけて「触らないでください！」とか真似して言っても、その人はこっちには怒らないんですよ。まるで何も聞こえていないかのような感じで。

中谷　それも不思議というか。いじられてるから普通やったら「バカにしないで！」とか言うんかなと思ったら、それはないんですよ。それで警察の方も、その人が暴れてはいないから連行もできへんらしくて「どうすんねん……」みたいな。

阪本　それが20分くらいあって、そこでまさかのカンペで「まだネタをやってない方はいまからネタをやります」って出て（笑）。

中谷　「いや、無理、無理、無理！」ってなって（笑）。

大井　アハハハハ！

阪本　その人は絶賛ずっとしゃべってるし。それであまりにってことでネタが終わった芸人が客席に行ってくれて、ボクらがネタをやってる最中もずっと目の前に警察がおるんですけど、芸人たちがガヤとかを飛ばしてくれて、なんとかやりきってみたいな。

中谷　職務中の警官が立ってる目の前で漫才をやるハメになってな。

阪本　警察も笑わへんし。

中谷　笑わへんよ。職務中やねんから。そりゃ笑ってたら困るがな。

「ボクは正直モテたんです。小学校のときに学校一かわいいコともうひとりかわいいコのふたりからバレンタインのチョコをもらった」（阪本）

――それはたまたまちょっと危ない人が紛れ込んだっていう感じですか？　もしくは誰かのファンだったとか。

阪本　席が最前列ってことは誰かのファンだったんですかね？

――決着としてはどうなったんですか？

阪本　なんとか全員出てネタをやって「ありがとうございました～」で終わって、お客さんが順番に出て行くんですけど、なぜかその人はずっと座ってて動かないんですよ。それで警察の方が「すみません。もう出てください」って言ったら、「自分で帰ります！！」って言って最後に出て行かれましたね。

――なんか幻みたいな話ですね。

阪本　っていう状況がありましたね。

中谷　なかなかな。

――東京に来てからもいろいろと大変ですね（笑）。

中谷　いやいや、こんなのたまたまですけどね（笑）。

――あと、中谷さんが声帯にヒアルロン酸を射ったら、高い声しか出なくなったっていうのは？

中谷　あっ、よくご存知で。それは例の謹慎が明けてすぐくらいにやったんですよ。

――その、声帯にヒアルロン酸を入れるっていうのはなんなんですか？

中谷　ネタで女性役をやることが多いんですけど、それで高い声を出しすぎてて、どんどん声が出にくくなってたんですよ。それでいろんな病院に行ってたんですけど。

――自分でネタをやってるときに「最近、高音が出ないな」っていうのを感じてきたんですか？

中谷　そうです。それで声帯って消耗品で使うとどんどんっていうことらしくて、そのひとつの治療法として提案されたのがそれで。

――声帯にヒアルロン酸を入れると高音が復活するかもしれないと。

中谷　そう言われてやったんですけど、さじ加減がめっちゃむずいらしくて、ヒアルロン酸を入れられすぎてしまって、ほんまに（めちゃくちゃ高い声で）「ど～も～、マユリカと言います。よろしくお願いします～」っていう声しか出なくなったんです。

阪本　ほんまに腹立つわ（笑）。

中谷　でもそれを抜くとかはできへんから、「身体がヒアルロン酸を吸収していくのを待つしかない」って言われて、２カ月ほんまにその声しか出なくて仕事にならなかったです。漫才もずっとこれで。

——その報告を阪本さんはどういう気持ちで聞くんですか？

阪本　ほんま崩れ落ちそうになるというか（笑）。謹慎が明けて、「さあ、ここから！」っていうときにこの声を持ってこられて、腹立つんですけど、なんか笑けてくるというか（笑）。

——そうですよね（笑）。ちなみにおふたりは青春時代はモテたりしたんですか？

中谷　ボクはモテはしなかったですね。まあでも、陽気な感じで。小学校まではみんなと「ドッジボール大会に出ようぜ！」とかなんなら陽キャだったんですけど、中学、高校で男子校になって、だいぶオタクのほうに行って、インターネットでオフ会に参加したりとか。

——なんのオフ会に参加するんですか？

中谷　ボクはもともと芸人をやる前に漫画を描いてたんですけど、漫画家を目指してる人たちのサイトで知り合った方とオフ会をして。中2で神戸から大阪まで出て行って、28くらいの人と一緒にご飯を食べたりとかをしてたんです。

——それはちょっぴりモテなさそうですね。

中谷　全然モテなかったです。彼女もずっとできずで。だから根っこの部分にオタク気質があるんで、芸人になってからもモテないっていう。

阪本　ボクは正直モテたんですよ。小学校のときがピークでモテて、学校一かわいいコともうひとりかわいいコのふたりからバレンタインのチョコをもらったり、小3からずっとラブレターのやりとりをしたりとか、まあモテたんですよ。

――ちょっとエピソードの年齢が低すぎてピンと来ないですね（笑）。

中谷　カッコよくないから！（笑）。ここは文字に起こしてもらっても「カッコいいな！」ってならへんで。

阪本　子どもの頃のボクはかわいい顔をしてた、ほんまに。いまでこそ面長ですけど、目が大きくてね。それで足がめっちゃ速くて。

――モテる要素は揃っていたんですね。

阪本　そうなんですよ。クラスの代表でアンカーやったりして。それが中学からニュッとアゴが伸びてしまって、それで高校でパカッと割れて、もうなんにもモテなくなって。

中谷　いまのこれが完成して（笑）。

――芸人になってからはどうですか？

阪本　いや、モテはしないですよ。

「友達が仕事仲間にもなってるから仕事が楽しい。お金もそうですけど、精神衛生上、凄くいいんじゃないかなと」（中谷）

――いやらしい話ですけど、「モテない」っていうポジションなのが得だったことはボクもわかるんですよ。

阪本　いやいや（笑）。

中谷　モテるっていうか、ファンの方が「ファンです」って言うのはそれはモテてはないんで。吉本の裏方の社員さんから告白されたとか、そんなのマジでなんにもないですから。なんやったらコミュ障なんで裏方の進行さんともほとんどしゃべってないし。

阪本　誰ともコミュニケーションが取れてないですね。

――でも「芸人になったらモテるのかな」って思うじゃないですか。

中谷　思いますね。なんやったらボクはそういうミーハー心で「いいな。やろう！」って乗っかってきたほうなんで。

――でも東京に来てもそれは縁遠い？

中谷　はい。まったくです。

――それこそSNSで「ファンです」って連絡が来たりもしないですか？

阪本　あ、DMとかは全然来ますよ。

――そういうのって誘惑じゃないですか。

阪本　もうでも、いっさいですね。

中谷　それを晒されたりとかしたら、もう何もうまくいかへんから。ボクらが芸人を始めるか始めへんかくらいのときは凄かったんじゃないですかね。だからボクらはそういう話だけ聞くっていう感じですね。

阪本　ほんまにイメージとしては、芸人になったらモテるんやろうし、めちゃくちゃ毎日酒飲み歩いて、女のコといろんなことをして、っていう感じやったんで、それに吸いつくかのように上を目指しましたけど、凄い厳しい時代になって。

中谷　めっちゃみんな真面目やしな。めっちゃ破天荒な人がおるとかもないし。

阪本　旨味がないですね（笑）。

――じゃあ、いまのモチベーションはなんなんですか？

中谷　普通の仕事とかをしてたらめっちゃダメな人間やから、たぶんうまくもいってないやろうし、それに比べたらまわりの人がめっちゃいいので。友達が仕事仲間にもなってるから「仕事が楽しいことが多い」っていうことですかね？　普通の仕事をしてるよりは絶対にいいやろうなっていうのがどっかにあるから。

――「普通の仕事だったらこんなにお金もらえないよな」っていうのもありますよね。

中谷　まあ、お金とかもそうですけど、環境が精神衛生上、凄くいいんじゃないかなと。

阪本　嫌な人がいないっていうのはめちゃくちゃいいですね。ほんまにいないです。みんないいヤツ。

――そういう生きやすい環境下で、これからやるべきは「賞を獲る」っていう目標が残っていて。

中谷　まあ、わかりやすく言えばそうですね。

阪本　もうM－1しか残ってないんですけどね。早く優勝しないと次は『THE SECOND』に出なあかんハメになって、永久に闘わなきゃいかんので（笑）。

――芸人さん特有の賞レースに対するモチベーションというか、向き合い方について、ボクらは理解できていない部分が多々あるんですけど、そこはどういう嫌さというかつらさなんですか？

阪本　なんて言うんですかね、来年の年俸が決まる感じがするというか。

――そこのがんばりひとつで。

阪本　一応ちゃんと評価される感じが凄いしんどいですね。じゃあ、舞台でウケる漫才をM－1でやったらいいんかってこともでないし、去年と一緒のようなことをしてたら「新しさがない」って言われそうだったりとか、いろいろしんどいですね。

――そこは自分たちなりに傾向と対策を立てつつ、ネタをブラッシュアップするんですか？

阪本　逆にボクらはまったく立てられてないですね。頭がいいヤツは対策とか立ててるんでしょうけど、ボクらはボケ数を何個か増やそうかなくらいで。

中谷　凄いヤツなんかはめちゃくちゃ自己分析してますよ。

めっちゃウケたとかじゃなくても「たぶん大丈夫やと思う」って言っててほんまに大丈夫とかがけっこうあって、「読めてるヤツは読めてるんや」と思いますね。

阪本　もうめっちゃしんどいですよ。いまぐらいの時期から「○○○○は仕上がってるらしい」とかって話が始まるじゃないですか。

中谷　動画もあがるようになってな。

阪本　「○○○○はもうネタを2本持ってるらしいで」とか。喫煙所でタバコを吸ってても、先輩から「マユリカは今年どうなん？　ええのあんの？」って聞かれて「いやいや、そんなですよ」なんて言ってると、「うわっ、もう始まってるな……」っていう。

中谷　でも凄くいい評価を聞いてたのに3回戦でコロッと落ちるとかも全然あるし。

「ネットは観ない。悪口を言われてイラッとするのがもったいないし、おもしろかったと言っていただいても喜びが知れてるんで（笑）」（阪本）

阪本　今年はいちばんしんどいかもしれないですね。変に「マユリカはそろそろ行きそう」とかってお世辞でも言ってもらえるんで。ここでもし3回戦とかでコテンとなってもうたら、「あーあ……」ってなる可能性が。

中谷　ノーマークで決勝まで一撃ガンッと行ってしまうのがいちばん気楽かもしれないですね。

阪本　だから昔のほうが楽しかったですね。時間もあるし、守るものがないというか捨て身でぶつかるだけなんで。いまはさすがに3回戦で落ちるわけにはいかんなとか、準決勝までは絶対に行きたいなとかあるから。

中谷　昔は途中で落ちてもべつに誰も気にも留めてないからそれで終わるけど、期待をされてまうと。

――ざわざわされちゃうっていうのが嫌なんですね。

阪本　しんどいですねえ。

――ネットは見るほうですか？

中谷　ボクはめっちゃ見ますね。やっぱオタク気質なんで。エゴサーチもめちゃくちゃします。でも、そんなネガティブなことは気にはならないほうなんで。

――気にならないですか？

中谷　その一撃が正しいわけではないんで。自分らでやってることで、それを支持してくれる人もいっぱいおるなかで、そんなわけがないからべつに大丈夫ですね。

――そんな声は流せる。

中谷　はい。ほんまに自分が悪いことをして、それに対して責められてたらそれは効くでしょうけど。

阪本　ボクはネットはほぼ見ないですね。やっぱ100件ほめられてても1件ムカつくやつがあったらムカつくんで。

中谷　まあ、ムカつくのはムカつくけどな（笑）。

阪本　だからたまにエゴサしますけど、大きな番組とかに出たときは絶対にしないですね。

――えっ、なんでですか？（笑）。

阪本　なんか絶対に言ってるヤツはおるんで。

――分母が大きくなると、変なことを言うヤツも増えてくる。

中谷　初めて見たって人が多ければ多いほど増えるから。

阪本　フォロワー1とかその場で作ったみたいなアカウントに悪口を言われてイラッとするのがもったいないというか。逆に「おもしろかった」っていっぱい言っていただいても喜びが知れてるんで（笑）。だからボクはあまりネットは見たくないですね。

――どう考えても触れないほうが得だっていう。

阪本　どっかでなんか言われるのはしゃあないですけど、わざわざそこに見には行かんなっていう。

――これからネタを磨くっていう仕事があって、ほかに芸人としてゆくゆくこういうことをやりたいな、こういうふうになりたいなっていうのはありますか？

中谷　理想で言ったら「おもろいのはみんな知ってる」っていう状態がうっすらずっと続いてたらいいなって感じですかね。「全然見ぃひんな」とか「おもしろくなくなったな」とかじゃなくて、いまの感じでずっと行けてたら理想かなって思います。ゴールデンで冠番組をやってとかじゃなくていいんで、「ずっと出てるな」ってなったらいいなと思います。

阪本　ボクもゴールデンとかじゃなくていいんで、地方局とか深夜でもいいので自分らの番組とかができて評価されるというか。「あまり有名じゃないけど知ってる人は凄く好き」みたいな番組が1個できたら十分やなって。ゴールデンの看板を張りたいとかは、現実味を帯びて思えてないというか。

――たぶん、これからは中谷さんがどこまで晒せるかがわりと勝負になってくる気がするんですよ。今後、絶対に死ぬほどドッキリをかけられると思うんですよ。

阪本　あー、たぶんそうですよね。

――でも、現時点では人前でちんこを出すことにも抵抗がないっていうことですよね？（笑）。

中谷　いや、そんなことはないですよ（笑）。まあでも、そういうイメージばかりがつくのもあまり……。嫌というか、もっと長いことをやっててそのなかであるのはいいんですけど、最初からその感じはあまりかなって思いますね。

阪本　でも、いまの時代がいちばん欲してそうな感じですよね。

——そうそう。重宝されると思います。たぶん、これからいろいろとご活躍されると思うので期待してます!

マユリカ
3歳からの幼馴染による、吉本興業に所属するお笑いコンビ。
2011年結成、NSC大阪校33期出身。
2018年『第7回ytv漫才新人賞決定戦』決勝進出、『M-1グランプリ2018』敗者復活戦、2020年『第9回ytv漫才新人賞決定戦』決勝進出、2021年『M-1グランプリ2021』敗者復活戦。

阪本(さかもと)
1990年01月07日生まれ、兵庫県神戸市出身。マユリカのボケ・ネタ作り担当(写真:左)。
趣味は映画鑑賞、ギャンブル、お酒など。

中谷(なかたに)
1989年10月23日生まれ、兵庫県神戸市出身。マユリカのツッコミ担当(写真:右)。
趣味は絵(イラスト、マンガ、似顔絵)を描くこと。

大井洋一(おおい・よういち)
1977年8月4日生まれ、東京都世田谷区出身。放送作家。『はねるのトびら』『SMAP×SMAP』『リンカーン』『クイズ☆タレント名鑑』『やりすぎコージー』『笑っていいとも!』『水曜日のダウンタウン』などの構成に参加。作家を志望する前にプロキックボクサーとして活動していた経験を活かし、2012年5月13日、前田日明が主宰するアマチュア格闘技大会『THE OUTSIDER 第21戦』でMMAデビュー。2018年9月2日、『THE OUTSIDER第52戦』ではTHE OUTSIDER55-60kg級王者となる。

坂本一弘

馬乗りゴリラビルジャーニー（仮）

第36回
黒部三奈が選ぶ「硬派な女」

構成：井上崇宏

（さかもと・かずひろ）
1969年3月4日生まれ、大阪府大阪市出身。
修斗プロデューサー/株式会社サステイン代表。

——前号から黒部三奈選手もまじえて、修斗がプロデュースする女子の総合格闘技大会『COLORS』について話をしています。黒部さんの体感的に、いま女子ってやっぱり盛り上がっているんですか？

黒部　確実に競技人口は増えていますね。ウチのジム（マスタージャパン）に関して言うと、柔術とかキックを習いに来る女性が増えていて、ただプロを目指すところまでにはまだ至っていない感じですけど。体力向上プラス、「強くなりたい」っていう。やっぱりMMAをやるっていうハードルは高いかもですね。

坂本　それでも3年前と比べたら、MMAの女子選手は増えましたよ。俺はスポーツってかならず男女あった方がいいし、どのスポーツにおいても女性もできるものが普及すると思っているんですけど、そういう意味では、女子選手が増えたことでMMAシーン全体が広がっていることを凄く感じています。それこそUFCやONEにも女子の選手が当たり前のようにいるし。

黒部　そこで女子選手も人気ですしね。だから舞台があれば、プロを目指す人は増えてくるんじゃないかなって思いますよ。

坂本　「私もあのCOLORSのティアラがほしい！」ってね。

黒部　いや、ティアラは……。

坂本　もういい（笑）。

——黒部さんは、選手だと親方（藤野恵実）と仲がいいんですか？

黒部　藤野さんとは仲がいいですね。あとはSARAMIちゃんと、最近試合はしていないけど、同い年の藤森（祥子）さんとか。

坂本　そこは同じ競技をやっている同志みたいな感覚なんですか？

黒部　そうですね。一緒に練習もしているし。

——おそろのTシャツを着るのはダメなのに、一緒に練習をするのはいいんだ？

黒部　いや、それはいいでしょ（笑）。

坂本　それはさすがに言いがかりでしょ（笑）。「一緒に練習しているから試合ができない」っていうんだったら困るけど。

黒部　そうそう。一緒に練習をしている同志ではあるけど、試合は試合で「やってやりますよ！」っていう感じですよ。
――その感覚がど素人の私には不思議なんですよね。
坂本　格闘技ってそういう競技だし、俺らは頭の切り替えが早いんですよ。
黒部　だから藤野さんと浜ちゃん（浜崎朱加）だって、あんなに仲がいいのに試合をするじゃないですか。
――いや、私はなんだかんだで「仲良しだろうが関係ねえよ」と言いながらも、100パー関係ないという気持ちでは闘えないのでは？と思っているんですよ。
黒部　いや、絶対100パーよ、100パー！　マジで関係ないよ。
坂本　本当にそういうもので、できるんですよね。その切り替えができない人は一緒に練習しないほうがいい。同じ階級なら「いつかコイツと殴り合うかもしれない」という覚悟の上で一緒に練習をしないと。
黒部　各ジムには、AACCのように女子選手がたくさんいるわけではないから、ある程度のレベルでやりたいとなったら一緒に練習したほうが強くなるし。だけど、もし対戦することが決まったら、もう一緒に練習はしないですから。
坂本　もともと同門じゃないですしね。同じチームならさすがに我々も試合を組まない。井上さんもやってみりゃわかるというか、できると思いますよ。知り合いだろうが、試合になったら全然殴れます。
黒部　じゃあ、井上さんも大井（洋一）さんとやりますか！
――あっ、だからそれ！　大井はフルで俺を殴れないと思う（笑）。
黒部　いや、殴れるよ（笑）。
――えっ、あの心の優しい大井がど素人の俺をフルで殴る!?
坂本　いや、殴れますよ。
――アイツ、そんなヤツだったんだ……。
坂本　でも試合が終わったら、またふたりで楽しく会話してますよ。
――いや、こっちはたぶんわだかまりができていますよ。「おまえ、よくも俺のことを全力で殴れたね……」って。
坂本　「いやまあ、そういうもんですから」で終わりですよ。
黒部　やってみたらわかります（笑）。
――だったらボクは、COLORSでAACCの同門対決とかも観たいですよ。
黒部　それはベルトが絡んだりしたら、あるかもしれないですよね。でも同門は練習はどうするとかって問題がやっぱりあるよね。
――俺と大井だって同じ『KAMINOGE』ファミリーですよ（笑）。
坂本　だから試合って組まれそうになったときに断ってもいいんですよ。でも同門対決は、まず代表やコーチの人たちが「それはやめましょう」っていう判断をしますよ。たとえば黒部さんが井上さんと大井さんの両方を教えていたとしたら、「どっちのセコンドにつくんですか？」「どっちに肩入れするんですか？」っていう話になるじゃないですか。
黒部　私を取り合って、ふたりが揉めちゃうのはイヤ♡
坂本　「どっちのミットを持ってくれるんですか？」と。そうなると、どちらかがジムからいったん離れなきゃいけなくなるんですよ。
黒部　どういう作戦でいこうとか話せないし、なかなか大変ですよね。

坂本　でもまあ、「ティアラは是か非か」の話もそうですけど、「同門対決もありなのでは？」っていう意見なんかもどんどんもらえたら。黒部さんとしては、COLORSはどういうふうになってほしいとかありますか？　ざっくりとした質問になりますけど、先程言っていた「格闘技は硬派であってほしい」とか。そこから「何をもって硬派とするのか？」っていうところまで考えたいじゃないですか。

黒部　そうですね。だから女子の大会ではあるんですけど、あまりにも「女子！」っていう売り出し方になっちゃうと硬派じゃないと思っちゃうんですかね？　ティアラとかもそうだけど。

坂本　若い選手やこれから格闘技をやろうとしている人の意見も聞いてみたいと思うし、もしかすると俺が思っている硬派と、黒部さんが思っている硬派は違うかもしれないし、たとえば井上さんが思っている軟派も違うと思うんですよ。でも、こうしていろんな人から話を聞いたときにたくさん違う意見が出てきて、それを全部じゃないにせよ反映させていくべきなんだろうなとは思うんですよ。たぶん俺らもきっと価値観がズレているじゃないですか。だからもっと若い人たちの話も聞いたほうがいいんだろうなって思うし。

――いまのは黒部三奈ディスですね（笑）。

黒部　いやいや、坂本さん。そんなね、若いアマチュアのペーペーたちの意見を聞いてどうするんですか（笑）。

坂本　あのね、これは選手のランクじゃなくて運営の話だからね（笑）。

黒部　あー、そっかそっか。ごめんなさい（笑）。

坂本　でも望んでいることはそういうことですよ。「ペーペーたちの意見を聞くんじゃなくて、私たちの話を聞け」と。それもとってもありがたい（笑）。運営に対して「ズレてるぞ」「ズレてないぞ」っていう意見はどんどんほしいですよ。

——あのね、ティアラは全然悪くない（笑）。

黒部　あっ、悪くない？

坂本　そうですよね！（笑）。

——それはとっても瑣末なこと。ティアラはまったくイラッとするところじゃないと思います（笑）。

黒部　まあ、たしかにね（笑）。

坂本　じゃあ、今度はブーケトスとかもやっちゃうか（笑）。

黒部　そのブーケを私が全力で奪い取るっていう（笑）。

坂本　じゃあ、もうメダルをやめて、全試合、勝った選手にはティアラにしようかな（笑）。

——でもメダルかティアラだったら、メダルのほうがいいよなあ（笑）。

黒部　絶対そうだよ！（笑）。

——やっぱりメダルを家とかジムに飾りたいですよね。

坂本　じゃあ、まあ両方あったほうがいいということですね（笑）。ほかは何かありますか？「こんなCOLORSが見たい」、あるいは「こんなCOLORSは嫌だ」。

黒部　やっぱりいちばんは、旗揚げ戦でみんな本当にいい試合をしていたので、各選手の普段の感じというか、素顔をちょっと伝えてもらえたら、もっといいかなって思いますね。

坂本　選手の人となりを伝えていくと。

黒部　そうすると、より試合をおもしろく観ることができるんじゃないかな。かならずみんなに物語がありますから。

坂本　それは間違いないですね。何かおもしろいエピソードとかも出てくるかもしれないですもんね。

——じゃあ、黒部さんがいまおもしろいと思う女子選手は誰ですか？

黒部　修斗のスーパーアトム級王者の渡辺彩華選手はおもしろいですよね。試合だけじゃなくてマイクもおもしろい。これからもっと強くなってほしいですよ。

——黒部さんの思う硬派な感じもあるという。では、アトム級王者の澤田千優選手は硬派ですか？

黒部　うーん。硬派かどうかはまだ判断がつかないですね。よくわからないです。

坂本　じゃあ、黒部さんがほかに硬派だと思う人を挙げてくださいよ。

黒部　硬派は藤野恵実（笑）。

——いや、ちょっと待った。誰しも、試合自体はおのずと硬派でしょ。それで親方は硬派で、澤田選手は「まだちょっとわかんない」と。それは完全に見た目のイメージで判断してんじゃん（笑）。

黒部　まあ、たしかにね（笑）。

坂本　まあでも、誰が見ても藤野さんは硬派ですよね。

黒部　藤野さんは硬派でしょ。

——いやいや、俺に言わせたら親方は軟派ですよ。だってあの人は溢れ出る、抑えきれない性欲を抑えるため、散らすために格闘技とか筋トレをやっているわけだから。

黒部　絶対にそうじゃないでしょ（笑）。

——「私、このままでは道を外してしまう……」と。

黒部　だったら硬派じゃないですか。

——た・し・か・に……!!

坂本　それが黒部さんの思う硬派の定義なんですね。

黒部　いまの話だけで判断しないで（笑）。

TARZAN by TARZAN

ターザン バイ ターザン

はたして定義王・ターザン山本！は、ターザン山本！を定義することができるのか？「昔、大阪城で鶴田 vs 長州をやったとき、馬場さんが鶴田と長州に向かって『おまえたちは負けるのが嫌なんだろ？』って言ったんよ。それで『じゃあ、60 分やるしかないよ』と。要するに 60 分時間切れ引き分けというのは、お互いに『アイツには負けたくない』という気持ちが根っこにあるんですよ。裏にそういう構造があるわけですよ !!」

絵　五木田智央　聞き手　井上崇宏

第四十七章

60分フルタイムドロー

「みなさんはあの藤波vs猪木を自分たちの中で非常に美化していて、まるで感動物語だったかのように仕立て上げている」

——山本さん、たまたまですけど今日は8月8日ですね。

山本 きのうが8月7日だったから、たしかにそうなるね。

——ということは山本さん、おそらく明日は9日ですよ（笑）。

山本 8月8日がどうしたん？

——8・8といえば我々の記憶の中にあるのは1988年の横浜文体じゃないですか。

山本 藤波vs猪木の60分フルタイムドローという形でね。

——当然、あの日、山本さんは会場で観ていた形ですよね？

山本 いや……、まあ、その、うん。観てたね。

——どうして急に歯切れが悪くなるんですか？ しかもだいぶ芝居がかっていましたけど（笑）。

山本 いやね、みなさんはあの藤波vs猪木を自分たちの記憶の中で非常に美化していてね、まるで感動物語だったかのように仕立て上げているわけじゃないですか。

——いやいや、実際に感動物語だったじゃないですか。

山本 現実は違うんですよ。あのときは凄く厳しい状況だったんよ。

——新日本がですか？

山本 いや、俺がですよ。

——俺がぁ？

山本 まずさ、あの日は月曜日だったんよね。週刊誌の編集者の立場から言うと、月曜の夜の試合は、その週の号にはいっさい載らないんよ。

——月曜の夜中が校了ですよね。

山本 だからあの日、俺は会場に向かうときから「どうせ今週の誌面には載らないしな……」ということで非常に絶望的な気分になっていたんですよ。まったく気持ちが乗らないわけ。どうせ誌面に載るのは1週間後になるなと思ったら、まったくやる気が起こらないわけですよ。だから「月曜日にやるなんて、くっだらねえ試合だな」と。

——くだらなくはないですよ（笑）。

山本 いやまあ、「つまんねえな」と。だけどなんとかごまかさなきゃいけないから、仕方なしに表紙は1985年9月19日に東京体育館でやった猪木vs藤波の写真を使ったわけよ。でも、まあそれは見破られたんだけどね。

——そりゃバレますよ。

山本 とにかく、あの日はそういう形で、俺の編集者として

TARZAN by TARZAN

の厳しい現実があったわけ。それともうひとつは、藤波さんがＩＷＧＰのチャンピオンで、それに猪木さんが挑戦をするという形の試合だったじゃないですか？　それ自体が非常にいびつな構造なんですよ。なぜ天下のアントニオ猪木が藤波のベルトに挑戦しなければいけないのか？　俺はそれがまったく納得できなかったというかさ。だって猪木さんは別格の人だよ？　藤波さんにとってもアントニオ猪木は子どもの頃からのスターですよ。そんな天下の猪木さんが挑戦するって「こんなのおかしいよ！」という俺の根源的な疑問があったわけですよ。だからもう、そういう非常に複雑な思いが絡み合いながら俺は横浜文体に向かっていたわけですよ！

「〝三大60分フルタイム決戦〟というのがあるんですよ。藤波vs猪木、鶴田vs長州、猪木vsブロディですよ」

——そこまでカッカできている時点で最高の日じゃないですか。

山本　でもね、猪木vs藤波のシングルマッチというのは非常に特殊な共通点があるんですよ。まず、１９８５年9月19日の東京体育館。あのときは常に時代を引っ張っていたプロレス界のリーダー的存在だった新日本が下降して、落ち目になっていた頃だったんですよ。つまりその前の年の１９８４年4月にＵＷＦができて、そして9月には長州力がジャパンプロレスを作ったと。要するに新日本はもぬけの殻となっていたわけですよ。つまり崩壊寸前だったわけですよ！　だからもう、その翌年には目玉のカードが1個もないという状況に陥っていて、あそこで仕方なしに猪木vs藤波をやったというさ。

——最後の切り札。

山本　いや、最後のカードですよ。切り札にはならないわけですよ！　そこの言葉の違いは重要なんよ。猪木vs藤波というのは常にそういう絶望的なところにあるわけよ。だから8・8にしても、じつを言うとあの１９８８年に第2次ＵＷＦが旗揚げしているんですよ。時代の波というか、完全にストロングスタイルは新日本からＵＷＦへと移り、そして前田日明の時代へと移行していたわけですよ。だから時代の中で新日本は団体としての力を完全に失っていて、そのときの切り札として藤波vs猪木がおこなわれているんですよ。

——いま切り札って言いましたよね。

山本　（聞かずに）俺がいま話していることは非常に重要な視点なんだけど、これまで誰も語っていないんだよね。しかもですよ、通常、新日本のビッグマッチというのは東京ドーム、日本武道館、両国国技館、横浜アリーナがメイン会場じゃないですか？　東京体育館とか横浜文体は5番手、6番手くらいの感じじゃないですか。そんなところで藤波vs猪木をやらなきゃいけないというさ、せつなさというか、寂しさというか、そういうネガティブな空気が充満していたわけですよ。だから8・8のときはすでに新日本は時代から取り残されていたんよ。そして新日本のファンはその敗北感を抱きながら横浜文体に行き、そこで藁をもつかむ思いというかさ、そういう気持ちの集合体だったわけですよ。

――たしかに当時の状況はそうですよね。「文体で藤波vs猪木をやるのか」とちょっと驚く感じで。

山本　とにかく、あの年の新日本はすっかりUWFにやられてしまったという絶望感があったんですよ。でも横浜文体の前に新日本がひとつだけ手を打ったのは、闘魂三銃士が1回だけ戻ってきて、有明コロシアムで試合をやってるわけ。そこにわずかに救いは残っていたんですよ。

――新しいトピックというか。

山本　とにかく、そういう時代の狭間の中であの藤波vs猪木はおこなわれたわけですよ。そして問題はここからですよ。なぜ、あの試合は60分時間切れになったかということですよ！

――猪木が藤波に挑戦という図式も問題なら、60分時間切れという結末も問題だと。

山本　（急に小声になり）あのね、これはね、馬場さんから教えてもらったんだけどね……。

――馬場さんに？

山本　昔、大阪城ホールで鶴田vs長州をやったじゃないですか。そのときに馬場さんが、鶴田と長州に向かって「おまえたちは負けるのが嫌なんだろ？　鶴田と長州に絶対に負けたくないんだろ？　じゃあ、60分やるしかないよ。それでおまえたちは納得できるんだろ？」と言ったらしいんよ。要するに60分時間切れ引き分けというのは、お互いに「アイツには負けたくない」という気持ちが根っこにあるんですよ。これが重要なんですね。だから馬場さんは鶴田と長州両方の立場を守るために60分やらせたわけですよ。60分フルタイムというのは裏にそういう構造があるわけですよ！

――つまり8・8では藤波が「飲めない」となったと。

山本　8・8も、あれはお互いに負けは飲めなかったわけですよ。あのね、「三大60分フルタイム決戦」というのがあるんですよ。わかります？　藤波vs猪木、鶴田vs長州、猪木vsブロディ。

――あー、猪木vsブロディも大阪城ホールで60分フルタイムやりましたね。

山本　あれもお互いに「絶対に負けない！」ってことでしょ。あそこで勝ったほうは絶対に爆発したし、負けたほうは完全に地位を失ったわけだからね。そういう譲れない形がなるから60分フルタイムになるという事実があるわけですよ。だから、そこまで藤波さんは猪木さんのことを神様のように扱ってきたわけだけど、あのときだけは「猪木さんに負けてもいいですよ」という気持ちにはならなかったんよ。逆に猪木さんに対して「負けられません」と言って抵抗したわけですよ。だって藤波さんは沖縄で飛龍革命をやって、そこで猪木さんから「やれるのか?」と問われているわけだから、負けたらなかったんですよ。そういう、なんていうか、もの凄くドロドロとしためんどくささがあの8・8の背景にはあったよね。

「藤波の腰にベルトを巻いたのも、長州に肩車されて泣いたシーンも、猪木さんは『こうやれば喜ぶんだろ?』みたいな形なわけです」

——でも当時は、むしろ藤波が勝たなければ不自然な状況でしたよね。そこをなんとか試合内容で魅せて、引き分けでも納得させることができたというか。

山本 だから俺は、あそこは猪木さんが負けて、藤波の時代に転換するということによってUWFに対抗できると思ったんよ。猪木さんを終わらせるというか、実質は猪木さんの引退試合みたいな形にすれば新日本にも新しい時代が来る。ただ、たぶん猪木さんはそれを拒否したんだよね。あくまで「藤波には負けられない」の一点張りで、大局的な見方ができなかったんよ。団体の未来を考えるとかではなく、あくまで個人のこだわりを取ったというか、そこに執着してしまったというか、仏教で言う煩悩というかさ。だから8・8はお互いの煩悩が炸裂してしまった煩悩マッチなんですよ!

——煩悩マッチ(笑)。

山本 でも、あそこで唯一、物事を大局的に見ていた男がじつはいたんですよ。それは長州力なんですよ。試合後に「この場は俺にまかせておけ」とばかりに長州は猪木を肩車したでしょ。そして越中に藤波を肩車させた。あのラストシーンを見せることであの場がうまく収まるということが長州にはわかっていたんですよ。要するにあのラストは長州の演出なんですよ。で、それが見事にハマったんですよ。長州はもの凄くプロレス頭がいいんだよねぇ!

——その肩車のシーンの前に猪木さんが藤波の腰にベルトを巻いてやるじゃないですか。あのときの猪木さんっていうのはどういう心境なんですか?

山本 あのね、そういうときの猪木さんっておもしろくてね、「どうでもいいや」と思うんだよね。要するにみなさんが求めていることをサラッとできる人なんでですよ。

——「こんな感じのやつが見たいんだろ?」と?

山本 そうそう。だからあのシーンには猪木さんの気持ちがまったく入っていないわけですよ。みなさんに付き合ってやってあげているだけですから。だからよ~く見たらわかるんだけど、長州に肩車をされたときの猪木さんの顔がもの凄く複雑な表情をしていたんだよね。

――でも、あのとき猪木さんは泣いていましたよね。あれはなぜ泣いたんですか？

山本　あれは普通の人であれば感動して泣いているところなんだけども、ああいう状況での猪木さんというのはそうじゃなしに「こうやれば喜ぶんだろ？　泣けばいいんだろ？　それで丸く収まるんだろ？」みたいな形で涙が出るわけです。

――さっきのベルトのくだりと一緒ですか（笑）。

山本　要するにナチュラルな義務感というかさ、それは猪木さんのセンスですよ！　そういうときの猪木さんのセンスって抜群なんですよ。それも猪木イズムですよ。そうしたら結果的に60分時間切れでもとても素晴らしい試合でしたとなるわけ。あの場においては完璧な満足感があったわけ。まあ、そこに新日本の未来はないけども（笑）。だからＵＷＦはそのままガーッと行ったわけじゃないですか。

――その波には抗えなかったと。

山本　まったく抗えなかったよね。

――ただ、あの夜だけはとにかく素晴らしかったと（笑）。

山本　どうして猪木さんは自分がすんなり引き下がって、藤波時代にしてあげなかったのかっていうさ。だから猪木さんの中でやっぱり「藤波だけには負けたくない。長州には負けてもいいけど、藤波だけには」というさ、そこがまた猪木さんの、猪木さんっぽいこだわりみたいなのが根っこにあるような気がするよね。

「札幌でのピンフォール負けというのは馬場さんが自分で演出したわけだから、天龍は自分が勝ったという実感が持てないんですよ」

――ここで山本さんにお聞きしたい。なんで猪木さんは長州には負けてもいいんですか？

山本　それはね、長州とは人間関係があまり成立していないからですよ。お互いの関係性が希薄だから、たとえ負けたとしても、その負けで自分の価値は下がらないことを猪木さんは知っていたわけ。でも藤波さんのことは小僧だったときから見てきているわけがから。

――あくまでも「俺にあこがれてる小僧」（笑）。

山本　いつまで経っても猪木さんから見たら、藤波さんは坊主頭の小僧なんですよ！　だけど長州は大学を出て、レスリングのエリートとして新日本に入ってきていると。だからね、馬場さんもこう言っていたわけですよ。「いま、三沢がメインになってやっているけど、どうしても高校を卒業して坊主頭で全日本に入ってきたイメージを俺は最後まで持ってしまう」と。要するに馬場さんの中での三沢さんのイメージは新人時代のままで止まっていて、いくら三沢が歳を取って大人になっ

© 山内猛

たとしても、最初に会ったときの小僧としか思えないと。その意識が抜け切らないと言うんだよね。

——それが猪木さんにおける藤波ですね。

山本　そういうことですよ。

——だって藤波さんはあの試合を振り返って、「猪木さんを60分間独り占めすることができた」って言ってますもんね。

山本　いや、それはあとからの解釈ですよ。あのときは勝つか負けるかというギリギリのところで闘っているわけですよ。やっぱり俺の個人的な意見としては、あそこで猪木さんに負けてほしかったんですよ。だけど、あの天下の猪木さんが負けをゆずらなかったというところに、さっきも言った、ふたりのプロレスラーとしての煩悩を俺は見てしまったね。プロレスというのは、相手のことを評価していたら「俺は譲る」という形で負けていたわけじゃないですか。それを譲らなかったというところに猪木と藤波双方の煩悩を見たから、これは最高の試合だったという評価もあるんですよ。

——たしかに。そう考えると、猪木から3カウントを奪った長州というのは豪腕というか、えげつなさを感じさせますね。だって藤波がフルタイムで引き分けた前の月に猪木に勝ってるんですよ。

山本　いや、でもね、長州が猪木さんからラリアットでピンフォールを獲ったところで、猪木さんの中でのダメージはたいしてないわけですよ。だからそこが不思議なんだよねぇ。長州には負けてもなぜか価値は下がらないという事実がある。そこがプロレス的にはおもしろいわけですよ。逆に「この男に負けたら価値が下がる」とパターンもあるわけですよ。そもそもアントニオ猪木というのはピンフォールを奪われない人じゃないですか。でも東京ドームで天龍源一郎にピンフォールで負けたよね。それによって天龍は馬場さんと猪木さんのどっちからもピンフォール勝ちを奪った唯一の日本人レスラーということではあるけれど、だからといって、天龍の価値は絶対的となったわけでもないんですよ。それどころか、その事実がけっこう忘れ去られているわけ。

——不思議ですね。

山本　長州と天龍のふたりは不思議だよ。あとね、天龍といえばこれもおもしろいんですよ。札幌中島体育センターで天龍が馬場さんからフォールを獲って勝ったでしょ。タッグマッチではあったけども。

——UWFの東京ドーム大会と同日に。

山本　あれはUWFの裏だったから、馬場さんが「ここで全日本を示すには俺が負けるしかない」という判断をしたわけじゃないですか。だからあの負けというのは馬場さんが自分で演出したわけですよ。だから天龍は自分が勝ったという実感が持てないんですよ。

――なるほど。

山本　自分の力、実力勝負で勝ったんじゃなしに、あくまでこれは馬場さんに演出されて勝った試合なんだと。

――馬場さんにしてみれば、その自分がフォール負けをしたという出来事だけがほしかったわけですよね。

山本　あそこで馬場さんはUWFに対して「クソくらえ！」を示すために、自分が負けることが最大のインパクトになるということがわかっていたので負けたんよ。天龍はあくまでその演出に付き合わされただけなんですよ。でも、それでいいんですよ。それもプロレスなんですよ。だから馬場さんにしても猪木さんにしてもさ、自分の部下に対しては絶対的な上下関係があったということだよね。そういう気持ちでふたりとも生きてきたというかさ。「おまえらとは絶対に対等ではないよ」というさ。要するに馬場さんも猪木さんも、そして俺もそうだけど、人のことなんかどうでもいいと思ってるんだよ（笑）。

――そんな気がしますよね。

山本　人のことなんか知ったこっちゃないと。自分の後継者を作ろうとかそういうことに対しても希薄というか無関心だよね。だから自分たちが作った全日本とか新日本も、あの力道山が作った日本プロレスがあっけなく崩壊してたところを見ていたわけじゃないですか。あれを見ているから、自分が作った団体もやがて自分がいなくなったら崩壊すると思っているから、ふたりとも団体に対する愛着もないわけですよ。つまり馬場さんと猪木さんのふたりは自分にしか愛着がないわけですよ！（笑）。

「長州が自分のマンションの部屋に俺を入れてくれるわけ。それぐらい彼は俺のことを信頼していたんですよ」

――あっ、そういえば山本さん。ボクはこのあいだ小佐野（景浩）さんからおだやかじゃない話を聞きましたよ。

山本　なに？

――長州さんって、お姉さんがいるんですか？

山本　いるよ。

――昔、長州さんがその自分の姉と山本さんを結婚させようとしていたっていうのは本当ですか？

山本　したね。

――えっ、マジですか？（笑）。

山本　その話は俺はけっこうしゃべってるけどね。

――だからそのときのふたりは、それくらい蜜月だったということですよね？

山本　あのね、目黒に全日本女子の事務所があったでしょ。

あの向かいのマンションに長州は住んでいたことがあるんですよ。そこに俺は2、3回行ったことがあって、そのときに「俺には姉がいるんだよ。おまえ、どうだ？」みたいな。

――えーっ！

山本　だからさ、俺と長州の関係がダメになってしまったのはその一件だよ。俺がその話をことわったことに対して長州は頭にきたんよ。

――ウソでしょ!?

山本　ホントですよ！

――だってそれ、いつぐらいの話ですか？

山本　長州たちが維新軍を作った頃よ。

――80年代の前半あたり。すげえ前ですね。えっ、なんで長州は山本さんにそんな話を持ちかけたんですかね？

山本　俺は長州が住んでいたマンションの前で長州を待ち伏せしていたわけですよ。なんかコメントを取ろうと思って。それで長州を捕まえたら「ああ、上がってこいよ」って自分のマンションの部屋に俺を入れてくれるわけ。あの男が自分の家にマスコミの人間を入れて、しかもこたつを間に して向かい合ってしゃべる？　それぐらい彼は俺のことを信頼していたんですよ。だって、一緒にこたつに入ってしゃべってるわけですよ？

――長州は信頼している人間しかこたつに入れないんだ（笑）。そのときに「俺には姉がいるんだけどさ」みたいな話にもなり。

山本　まさにそうなんですよ。「俺には姉がいるんだけどさ」と言われたんですよ。で、俺は「これは俺と結婚させようとしてるな」と思った瞬間に長州力から離れたんよ。

――その瞬間に離れた？

山本　それが原因で俺と長州の関係はもうダメになったんよ。

――はあー！

山本　俺からすると、「この状況はヤバい……」と思うじゃん。だって長州力のお姉さんと結婚してしまったら、俺のマスコミとしての立場がまったくなくなるから。

――長州力の義理の兄になるのは気まずいですよね（笑）。

山本　そうなったら長州の性格上、一生俺の面倒をみるみたいな形になるでしょ（笑）。俺がその形に入ってしまったら、もう長州グループですよ！　とんでもなくプロレス界の歴史が変わっていたよ。

――新日本からの取材拒否もなかったでしょうからね（笑）。

山本　長州と俺の確執は本当にその一点だからね。

――えっ、マジですか？

山本　その一点ですよ！　俺はそう見てるよ。つまりさ、長州からすればそれを自分から言ってしまったという事実があるわけじゃん。

――そうですね。その気まずさというか。

山本　そんな話をしてしまったのに「アイツは逃げた」と。それに対する「言わなきゃよかったな……」っていう恥ずかしさというか後悔というか。自分の計画をしゃべったのに、それが実現しなかったわけだから「あのヤロー、俺に恥をかかせやがった」ってなったわけですよ。

――「この事実を知っているアイツをこの業界から消すしかない……」と。

山本　本当にそれよ。間違いないんよ。だから「ターザン山本がUWFを猛烈にプッシュしていたことが長州力の逆鱗に触れた」というのが一般的な見方だけど、たしかにそれもあっただろうけど、俺はそれはたいしたことではないと思っているからね。

――でも山本さんもいちおうその論調に付き合っているじゃないですか。「俺がUをプッシュしたことで関係が悪化した」みたいな。

山本　本当はそうじゃなくて、俺はそっちの縁談のほうの一点だと思っていますよ。

――「山本、ウチをまたげ!」と言ってきたわけですね（笑）。

山本　またぎませんよ、そんなの!　この話、リアルだよね。俺と長州との関係はその一点に尽きると思うね。もう最大の秘密じゃないですか。

――山本さんは、あわや長州力に肩車されそうになったわけですね（笑）。

山本　まあ、俺はそこまで長州に見込まれていたのはたしかだよね。「コイツは本当に頭がいいな」みたいなさ。

ターザン山本!
（たーざん・やまもと）
1946年4月26日生まれ、山口県岩国市出身。ライター。元『週刊プロレス』編集長。立命館大学を中退後、映写技師を経て新大阪新聞社に入社して『週刊ファイト』で記者を務める。その後、ベースボール・マガジン社に移籍。1987年に『週刊プロレス』の編集長に就任し、"活字プロレス""密航"などの流行語を生み、週プロを公称40万部という怪物メディアへと成長させた。

初恋のあの娘の名前をググっても出てこないです。

すげえ有名なんだぞ
な
言うなっつってんだろ
ガチで知らねーし
検索しても出ねえ
とっくに引退してんだよオレは
じゃあ一般人じゃん
パンサーなんとかってつえーのかよ
おめーらなんか超余裕だバーカ
HELL

バガッ
!!
てめえ
ぐわっ

ふん
バコ
ふん
バコ
バコ
やめろ
コラ
ふん
バコ
バコ
ぐっ
ふんが
バコ
つづく

KENICHI ITO

涙枯れるまで泣くほうがEマイナー

VOL.33

「後楽園ホールの思い出」

伊藤健一

（いとう・けんいち）
1975年11月9日生まれ、東京都港区出身。格闘家、さらに企業家としての顔を持つため"闘うIT社長"と呼ばれている。ターザン山本！信奉者であり、UWF研究家でもある。

7月23日に後楽園ホールで開催されたプロフェッショナル修斗公式戦で、〝ノブキ〟こと藤井伸樹が、竹中大地選手という日本トップレベルの強豪と対戦するというので、現地に観戦に行った。その前日に宇野薫さんが原宿でフリマをやっていて、そこで私はTシャツを数枚購入させてもらったのだが、そのおこないがよかったのか、ホールに着いたら宇野さんから連絡があり、なんと宇野さんの隣の席で試合を観戦することができた。

私と後楽園ホール。

まず「宇野薫・修斗・後楽園ホール」といえば、後楽園ホールが大爆発した2004年3月22日におこなわれた川尻達也戦が、私にとってはいちばん印象に残っている。それを本人に話してみたところ、結果は引き分けだったので自身にとっては悔いの残る試合だったようで、その話は特に弾まずに終わってしまった。

2020年10月、後楽園ホールで開催したQUINTETに私は宇野薫チームで出場しており、宇野薫のテーマ曲である『スメルス・ライク・ティーン・スピリット』で一緒に入場できたことは、本当にいい思い出である。

私が中村大介選手に惨敗したことで宇野チームが負けてしまい、私が号泣していたら、「健一さん、負けて泣いちゃダメです。ボクも昔UFCで負けて試合後に泣いていたら、髙阪（剛）さんに怒られました」と優しい言葉をかけてくれたことにも感動した。

だが後日、その話を髙阪さんにしたら、自分の弟子である私の試合を観ないで帰るほど、私に興味がない髙阪さんは「ハハハ。健一、べつに負けて泣いてもいいんだよ」と。依然として、私にまったく興味がないようである……（泣）。

ノブキの試合は、序盤は竹中選手に完封されるも、2ラウンドのラスト数秒でパンチを当てて反撃。そして最終3ラウンドに後楽園ホールが大熱狂するほどの猛追をしたが、惜しく判定負け。だが〝最も闘いたくない男〟という異名どおりのゾンビっぷりは見せつけた。

ノブキももう30代半ばになるので、今後も竹中選手のような強い選手と闘いまくって、自らの価値を高めていってほしい。引退したときに、ベルトや舞台よりも、強い選手に勝ったという事実が、格闘家にとっていちばん大事なことだと思うから。

私はQUINTET以前にも、後楽園ホールでは何回か試合をおこなっており、〝足関十段〟こと今成正和選手との試合や、2012年にはリングスの再始動大会にも出場した。そこではリングス・オーストラリア所属のジャレット・オーウェン選手と闘って、相手が立っているのにヒールホールドを極めるという超絶テクニックを見せつけて勝利している。その際の勝利記念として『KAMINOGE』5号（表紙は谷川流星群）誌上に掲載された、本誌史上いちばんおもしろかった企画と語り継がれる「〝闘うターザンウォッチャー〟伊藤健一プレゼンツ★ターザン山本ゆかりの地を巡る立石ウォークラリー」を、ぜひ再読していただきたい。

そのリングス再始動大会は、K-1MAX日本王者の小比類巻太信選手がMMAデビューするということでも話題になっていて、私も大規模な記者会見に出席したり、数多くの取材も受けさせてもらった。東スポの取材では「勝って前田さんからロレックスをもらう」とコメントしたら、まんまと次の日の東スポにそのコメントが掲載されていたのでひとり悦に入った。実際に試合後、前田日明に「勝ったのでロレックスください!!」と言ってみたのだが、「おまえ、相手の打撃から逃げたからあかん!!」と強烈なダメ出しをされてしまい、やはり試合後に前田からトロフィーを投げつけられた、かつての田村潔司の心境が少しわかったような気がした。

そんな失意の中、私が控室の外でのんびりしていると、コヒが控室から出てきてシャドーボクシングを始めた。コヒのキャラどおりに、自分の世界に入ってひとりシャドーをしていたので、私は彼の邪魔にならないようにベンチに座ってスマホをいじっていたのだが、試合直前で興奮していたコヒは、見知らぬ私の肩をバチンと叩いて、満面の笑みを浮かべながらサムアップをしてリングに向かって行った。

メイン終了後の閉会式で、全選手がリング上に集まっていたとき、私はMMAデビュー戦で惜しくも負けてしまったコヒのもとに行き、笑顔で「お疲れ様！　またがんばれよ!!」と言って肩を叩いて、お返しのサムアップをしてあげた。あの日の後楽園ホールのリング上で見たコヒの苦笑いは、一生忘れることはないだろう。

マッスル坂井と真夜中のテレフォンで。

8/14

MUSCLE SAKAI DEEPNIGHT TELEPHONE

「言いたかないけど、今年のバリウム検査は下手くそなヒールと試合をやっているような気持ちになりましたね。検査技師が『客の歓声を全然聞けてないな』っていうくらい見えてない、自分のことをやるだけのタイプだった。『172センチくらいだろ、おまえ。そんなの、いくら反則しても俺よりも強く見えねぇじゃん』って感じですよ」

「伝わらないわ、これ。俺は健康診断で検査技師にムカついた話をしたいのに伝わらない」

坂井　井上さんって健康診断とか受けてます？

——それ、本当に大きな声では言えなすぎるんですけど、たしか大学卒業して以来、一度も受けたことないよ。

坂井　えっ？　それって大人になってから大きな病気はしていないってこと？

——なんもしてない。

坂井　それで50オーバーしたの？　じゃあ、採血とかは何年してないの？

——あっでも、前はたまに献血に行ってたから、あそこのオプションで血液検査とかはしてもらっていましたよ。で、なんも異常なし。

坂井　不調なところがないから身体を調べてもいないのか。ウチの会社はこのあいだ健康診断を受けたんですけど、会社に専用バスが2台くらい来て、会議室に身長計、体重計、心電図とかを運んでセットして、胸のレントゲンと胃のバリウム検査みたいなやつはバスの中でやるんですよ。そのバリウム検査でね、俺、ムカついたというか心が折れちゃって。

——えっ、健康診断を受けてる途中で健康じゃなくなったってこと？（笑）。

坂井　あれって変な台に乗せられてクルクルまわされるんですよ。「右に3回まわってください」とか言って。で、えづくしさ。

——バリウムってそんなだっけ？

坂井　もう伝わらないわ、これ（笑）。そ

構成：井上崇宏

の健康診断で検査技師にムカついた話をしたいのに伝わらない。

――いや、してしてして（笑）。

坂井 だからぁ、その乗せられた台が180度になったり、270度になったりするわけですよ。バリウムは胃の中の造影剤で、よく撮れるようにするために飲むわけだから、バリウムを胃の全体にまわさなきゃいけないんですよ。だから台に寝っ転がったまま、「右に3回まわってください」とか「左に3回まわってください」とかすげえ言われるわけですよ。「もうちょっと傾いてください」とか。我々から見えないところからモニター越しに我々の動きを見ている検査技師がね、ああでもない、こうでもないと言ってくるわけですよ。

――『パルプ・フィクション』のユマ・サーマンですね。「リビングにあるそのお酒、勝手に飲んでて」って別室からマイクで指示するシーンみたいな感じ。

坂井 あー、そういうこと。そのあとユマ・サーマンはオーバードーズで倒れますけど（笑）。で、ウチの会社は40人くらいいて俺が最後にバリウムをやったんだけど、もともと私は肩幅がありすぎてその台にもスポッと入らなかったんですよ。台が逆かまぼこ状というか半円状なんですけど、そこで私はずっと肩が浮いている状態。そんな状態なのにもかかわらず「右に3回まわってください」とか散々言われて、こっちは45にもなると腰とか背中も痛いじゃないですか？「コイツ、すげえ言うなあ。おまえ、本当に人間か？」と思って。

――この人でなし、と（笑）。

坂井 こっちは肩の位置も安定していないのに台を270度回転させて、俺をツームストン・パイルドライバーの態勢みたいにするわけですよ（笑）。「これ、どう考えても落ちるじゃん！」って思いながら120キロの身体をヒジを突っ張ってね。なのにそこでも「まわれ」とか言うから「いや、もう無理！　やめます!!」って言って。

――ごめん、うまく画が浮かばないんだけど、なぜか超おもしろい（笑）。

坂井 「もうやめます！」と。本当のことを言うと「ギブアップ!!」ってハッキリした大きな声で言いました。

――アハハハハ！　俺はもう何十年もプロレスを観てきましたけど、いまだに「ギブアップ！」って発したレスラーの声を聞いたことがなかったんだけど、いま初めて聞いた（笑）。

坂井 でしょ？　俺はハッキリと大きな声で「ギブアップ！」って言いましたよ。だって手でタップアウトしようものなら下にずり落ちますからね。そうしたらそいつに「ギブアップするんですか？」って半笑いで言われて、「もう半分、いや、3分の2が終わってますよ？」って言うから「それでもやめるくらい、あなたと私は手が合わない！」と思って。

――手が合わない（笑）。

坂井 信頼関係も築けていないのに、そんな簡単に右回れ、左回れと言われても、こっちは言うこと聞けないですわ。

――そんなヤツに身体を預けられない。

坂井 そう。あまり言いたくないけど、下手くそなヒールと試合をやっているような気持ちになりましたね。「コイツ、客の歓声を全然聞けてないな」っていうくらい見えてないなって。自分のことをやるだけのタイプだなと思って。

――独善的なヒール（笑）。

坂井 「172センチくらいだろ、おまえ」とか思いながら。「そんなの、いくら反則しても俺よりも強く見えねぇじゃん」っていう感じですよね。それで俺はもう「自腹で胃カメラを飲みます」と啖呵を切ってね。

KAMINOGE COLUMN

――それを「咳呵を切った」って言うんだ（笑）。

坂井　ついぞ、最後までそいつは俺に顔を見せませんでしたからねえ。

――うわ、ヒールっぽい。

坂井　っていう話をこのあいだラジオの収録で話したんですよ。そうしたら音声をやっていた人とかの会社にも、どうやらウチと同じところが健康診断で来たんですって。「そういえば今年、ウチでもみんな『バリウム検査がキツかった』って言ってたなー」って。

――そいつだ！

坂井　例年に比べてバリウム検査が厳しすぎたと。ただ、ギブアップしたのは俺だけだったんですけど（笑）。

――なんの話（笑）。

坂井　いやいや、健康診断の大切さよ。

――健康診断って受けたほうがいいよね。いま俺がパッと思いつくだけでも、ふたりの人から「お願いだから健康診断を受けて」って言われたもん。

坂井　井上さんが言われたの？

――やっぱ友達とか身内を病気で亡くした人が言ってくれる。でも、なかなか……。

坂井　ウチは会社に来てもらうから毎年当たり前のように受けるけどね。あと俺は病気してるから2カ月に1回ぐらい東京の病院にお邪魔して、めっちゃいい血液検査と、あとは謎の検査をいっぱい受けてますからね。

――現時点でどこか悪いところはあるんですか？

坂井　恥ずかしいんですけど、さっき「腰が痛い、背中も痛い」とか言ったけど、実際に保険が適用されるようなケガは1個もないですね。もう何年も無傷。

――よっ、名馬（笑）。

坂井　たぶんこんなプロレスラーはいないでしょっていうくらい、どっこも悪くない（笑）。

――骨折はしたことない？

坂井　ない。あばらにヒビが入ったことがあるくらい。

――それはうれしかった？

坂井　いや〜、うれしかったですねえ（笑）。でもギプスとか着けられないじゃないですか。コルセットも巻かなかったし、しかもすぐに治っちゃって張り合いがなかった。

――ヒビが入っていた気がしないなと（笑）。

坂井　もうすぐにくっついっちゃって（笑）。あとは喘息とかですかね。しばらくはないですけど。

――喘息持ちだったっけ？

坂井　呼吸器とか循環器が悪いんですよ。あと、やっぱ俺は体重もあるからプロレスの試合でもそんなに投げられないじゃないですか？　しかも受け身もうまくないから投げるほうも気をつかうというか。

――おちおち攻撃できない（笑）。

坂井　俺にケガされても困るだろし。

「当時はのちにサイバーエージェントグループになるだなんて誰も予想していなかったでしょうね（笑）」

――そういえば昔、坂井さんって虫歯で死にかけてない？

坂井　あー、あったあった！

――あれは20代の頃だよね？

坂井　うん。親知らずからバイ菌が入ったんですよ。あのときはかなりヤバかった。どこでバイ菌が入ったのかは明確に記憶があって。

――あっ、わかってるんだ？

坂井　はい。あまり大きな声では言えないんですけど。

――あー、風俗だ？

坂井　いえ、風俗というか、プールがあるラブホテルで。

――えっ、あそこ？　渋谷の有名なとこ？

坂井　そうそう（笑）。

――あのダイニング二郎があった通りの並びにある（笑）。

坂井　そうそう（笑）。

――あそこに行ったことあるんだ（笑）。あっ、いま「マッスル坂井　親知らず」でググったら2008年ですね。

坂井　だから当時、蝶野さんの張り手で俺の歯が抜けるっていうストーリーをやった気がしますね。

――ネットにこう書いてあります。「2008年4月9日、マッスル坂井が虫歯で欠場。9日から始まるDDTのシリーズ（お花見プロレス）を欠場することとなった。理由は虫歯。おそらく虫歯を理由に欠場したレスラーは史上初。でも、これはネタではなくホントに厳しいらしい」だって（笑）。

坂井　アッハッハッハ！

――これ、智歯周囲炎っていうの？

坂井　いや、本当は蜂窩織炎が正しかったんですよね。

――「以下、詳細は高木三四郎社長ブログより。〝マッスル坂井が緊急手術で入院するため、9日、10日のお花見プロレスを欠場させていただくことになります。坂井の症状ですが、智歯周囲炎という病名で親知らずの奥にバイ菌が入り、それが下顎まで化膿してる状態で、医師の診断によると緊急手術を要し、早急に処置しないと大変危険な状態になるとのことでした。皆様にはご迷惑をおかけしますが、ご了承ください。それにより男色ディーノのパートナーはメンズ・テイオー選手となりました。こっちのほうがすごいことになるのではというおそれがありますｗ〟」（笑）。

坂井　アッハッハッハ！　この頃はのちにサイバーエージェントグループになるだなんて誰も予想してなかったでしょうね（笑）。おもしろいですねー。

――ちょっとお聞きしますけど、ああいうホテルの部屋にあるプールって、やっぱり真っ裸で泳ぐんだよね？

坂井　そうですね。だからけっして衛生的じゃないよなって俺も思ったんですよね。そんなに水も替えないだろうしなあと思いましたもん。

――でも、そんなことを言ったら市民プールとかだって一緒ですよね。

坂井　だけど、そのあとから急激に痛くなった気がします。やっぱこれ、しちゃいけない話のような気がするなあ。

――あっ、営業妨害みたいになっちゃうか。

坂井　じゃなくて、そのときにご一緒したお相手が、オフィシャルじゃなかったような気がしますね。

――なに、その言い方。オフィシャルじゃない相手ってどういう意味？（笑）。

坂井　いや、だからそのとき付き合ってた彼女とかじゃなかった気がしますね。

――そっかそっか。ネットで時期も特定できるしね（笑）。えっ、そんな昔の話にまだ気をつかうの？

坂井　たしかに気をつかわなくていいですかね？

――べつに独身の頃の話だし。

坂井　じゃあ、いっか。でもオフィシャルじゃないってのはわかるんだけど、誰と行ったのかが本気で思い出せないですね。

――よっ、名馬！

Nº141 KAMINOGE

次号 KAMINOGE142 は
2023 年 10 月 5 日（木）発売予定!

“恵比寿キャバクラ呼び込み事件”を
保高カメラマンと再検証！
とにかく浜チャンプの復活が早く観たい!!

2023 年 9 月 13 日
初版第 1 刷発行

発行人
後尾和男

制作
玄文社

編集
有限会社ペールワンズ
（『KAMINOGE』編集部）
〒154-0011
東京都世田谷区上馬 1-33-3
KAMIUMA PLACE 106

WRITE AND WRITE
井上崇宏
堀江ガンツ

編集協力
佐藤篤
小松伸太郎
村上陽子

デザイン
高梨仁史

表紙デザイン
井口弘史

カメラマン
タイコウクニヨシ
保高幸子
工藤悠平

編者
KAMINOGE 編集部

発行所
玄文社
［本社］
〒107-0052
東京都港区高輪 4-8-11-306
［事業所］
東京都新宿区水道町 2-15
新灯ビル
TEL:03-5206-4010
FAX:03-5206-4011

印刷・製本
新灯印刷株式会社

本文用紙：
OK アドニスラフ　W A/T 46.5kg